DI719215

Liebe Leserin, lieber Leser,

es freut mich, dass Sie sich für einen Titel aus der Reihe "Studien 2003" entschieden haben.

Diese Reihe wurde von mir zusammengestellt, um einem breiten Publikum den Bezug von herausragenden wissenschaftlichen Abschlussarbeiten zu ermöglichen. Bei den Abschlussarbeiten handelt sich um hochwertige Diplomarbeiten, Magisterarbeiten, Staatsexamensarbeiten oder Dissertationen mit einer sehr guten Bewertung.

Diese Studien beschäftigen sich mit spezifischen Fragestellungen oder mit aktuellen Themen und geben einen guten Überblick über den Stand der wissenschaftlichen Diskussion und Literatur. Wissenschaft und andere Interessierte können durch diese Reihe Einblick in bisher nur schwer zugängliche Studien nehmen.

Jede der Studien will Sie überzeugen. Damit dies immer wieder gelingt, sind wir auf Ihre Rückmeldung angewiesen. Bitte teilen Sie mir Ihre kritischen und freundlichen Anregungen, Ihre Wünsche und Ideen mit.

Ich freue mich auf den Dialog mit Ihnen.

Björn Bedey
Herausgeber

Diplomica GmbH
Hermannstal 119k
22119 Hamburg

www.diplom.de
agentur@diplom.de

Arne König: Internationale Megafusionen - Kulturelle Integration als Erfolgsfaktor /
Björn Bedey (Hrsg.), Hamburg, Diplomica GmbH 2004
Zugl.: Lüneburg, Universität, Magister, 2003

ISBN 3-8324-7814-0
© Diplomica GmbH, Hamburg 2004

Bibliografische Information der Deutschen Bibliothek
Die Deutsche Bibliothek verzeichnet diese Publikation in der Deutschen Nationalbibliografie;
detaillierte bibliografische Daten sind im Internet über <http://dnb.ddb.de> abrufbar.

Arne König

Internationale Megafusionen

Kulturelle Integration als Erfolgsfaktor

Diplom.de

Arne König, Jahrgang 1975, gebürtiger Bremer, studierte zunächst Wirtschaftsrecht in Osnabrück. Im Anschluss folgte das Studium der Angewandten Kulturwissenschaften in Lüneburg mit den Schwerpunkten Sprache und Kommunikation, Betriebswirtschaftslehre und Medien und Öffentlichkeitsarbeit. Arne König sammelte studienbegleitend Praxiserfahrungen in den Bereichen Öffentlichkeitsarbeit, Journalismus und Werbung.

Als ausschlaggebend für die Wahl des Buchthemas gibt König ein Ereignis bei seinem Praktikum in der Abteilung Außenkontakte des DaimlerChrysler-Werkes Bremen 1999 an. Dort erlebte er die Kommunikation des Megamergers an die Belegschaft per eigens eingerichtetem Firmen-TV. Dies gab die Initialzündung für die spätere Auseinandersetzung mit der Integration verschmelzender Unternehmens- und Landeskulturen bei internationalen Megafusionen.

Im Oktober 2002 wurde das Studium mit dem Magister Artium durch die vorliegende Magisterarbeit mit Prädikat abgeschlossen. Es folgte ein halbjähriges Praktikum in Washington, D.C. beim Marktführer für Public Affairs. Die Hauptstadt der USA in der akuten Irakkrise mitzuerleben, prägte König. Er erlebte nun interkulturelle Differenzen am eigenen Leib. Im Anschluss folgte eine Tätigkeit im Bereich Public Affairs in Berlin.

Abkürzungsverzeichnis

Abs.	Absatz
Bsp., bspw.	Beispiel, beispielsweise
bzw.	beziehungsweise
ca.	circa
DBW	Die Betriebswirtschaft (Zeitschrift)
ders.	derselbe
dies.	dieselbe, dieselben
d. Verf.	der Verfasser
ebd.	ebenda
EGV	Vertrag zur Gründung der Europäischen Gemeinschaft
engl.	englisch
etc.	et cetera
f., ff.	folgende, fortfolgende
Fn.	Fußnote
h.M.	herrschende Meinung
Hrsg., Hg.	Herausgeber (Singular, Plural)
i.S.d.	im Sinne des
i.V.m.	in Verbindung mit
M&A	Mergers and Acquisitions (Fusionen und Akquisitionen)
m.E.	meines Erachtens
Mio.	Millionen
S.	Seite, Seiten
sog.	sogenannte, sogenannter
UmwG	Umwandlungsgesetz
v.a.	vor allem
vgl., vglw.	vergleiche, vergleichsweise
WiSt	Wirtschaftswissenschaftliches Studium (Zeitschrift)
w&v	Werben und Verkaufen (Zeitschrift)
z.B.	zum Beispiel
ZfB	Zeitschrift für Betriebswirtschaft
zfbf	Zeitschrift für betriebswirtschaftliche Forschung

zfo	Zeitschrift für Führung und Organisation
ZfP	Zeitschrift für Planung

Gliederung

1. Einführung

Mit Beginn dieses Jahrtausends haben die weltweiten Fusionsaktivitäten ihren historischen Höchststand erreicht.[1] Dominiert werden sie von den Industrieländern, insbesondere den USA und Großbritannien. Europäischer Fusionsführer ist Deutschland.[2] Durch langfristige empirische Betrachtung lassen sich globale Fusionswellen identifizieren, die ihre Entstehung technologischen, wirtschaftlichen, wettbewerbspolitischen und strategischen Einflüssen verdanken.

Die **erste Welle** dauerte von 1887 bis 1904. Sie war geprägt durch die ökonomische Monopolbildung in der Industriellen Revolution, die Nutzung der Dampfkraft und die Erschließung geografisch entfernter Märkte durch den Eisenbahnbau. 1904 beendete sie der Erlass des ersten Fusionsverbotes in den USA. Die **zweite Welle** begann nach dem ersten Weltkrieg und führte zur Bildung großer Mischkonzerne sowie zur Zusammenfassung netzgebundener Unternehmen im Eisenbahnwesen und der Energiewirtschaft. Sie endete 1929. Mitte der 1960er bis zu den frühen 1970er Jahren rollte die **dritte Fusionswelle.** Ihre Leitmotive waren die Ausnutzung von Größenvorteilen durch industrielle Massenproduktion und die strategische Diversifikation durch Zusammenschlüsse branchenfremder Unternehmen. Sie fand in Deutschland durch die Einführung einer ersten Fusionskontrolle und -meldepflicht im Jahr 1973 ihr Ende. Die **vierte Welle** Anfang der 1980er Jahre, bestimmt durch die Suche nach Synergieeffekten, war in Europa viel stärker ausgeprägt als in den USA. Gründe dafür lagen in der Vollendung des EU-Binnenmarktes und der damit einhergehenden räumlichen Ausweitung europäischer Unternehmen. Sie endete 1989 mit Inkrafttreten der Fusionskontrollverordnung der Europäischen Union. Diese wirkte sich insbesondere auf jene europäischen Länder aus, die zuvor keine nationale Fusionskontrolle kannten. Derzeit befinden wir uns in der **fünften Fusionswelle.** Sie begann in den frühen 1990er Jah-

---

[1] Vgl. Kleinert/Klodt (2000), S. 5.
[2] Vgl. dies., S. 12.

ren, dominiert von der strategischen Konzentration auf die Kernkompetenzen zur Stärkung der Marktposition durch branchengleiche Zusammenschlüsse.[3]

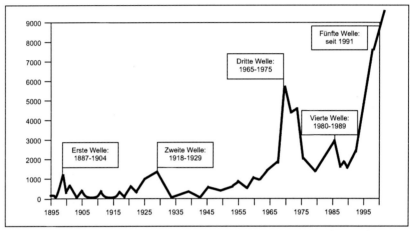

Abbildung 1: Die fünf Fusionswellen, Quelle: Modifizierte Darstellung von Balzer/Hirn/Wilhelm (2000), S. 84.

In Deutschland wurde die derzeitige Fusionswelle durch die Wiedervereinigung und die Privatisierung ehemals staatlicher Unternehmen ausgelöst. Erst 1997 setzten verstärkte Fusionsaktivitäten ein, die nicht mehr auf den Sondereffekt Wiedervereinigung zurückzuführen sind. Spektakuläre Fälle wie DaimlerChrysler haben das Interesse der Öffentlichkeit geweckt. Diese sogenannten „Megafusionen", Zusammenschlüsse von größten Unternehmen,[4] erfuhren jedoch nach stetigem Wachstum einen starken Rückgang gegenüber kleineren Fusionen im ersten Quartal dieses Jahres.[5] Seit 2000 ist zudem eine quantitative Abnahme aller Fusionsaktivitäten in der Bundesrepublik zu verzeichnen. Deutlicher als die verminderte An-

---

[3] Vgl. dies., S. 18-20; vgl. Balzer/Hirn/Wilhelm (2000), S. 84.
[4] Vgl. zur Definition von „Megafusionen" Punkt 2.2 auf S. 17 dieser Arbeit.
[5] Vgl. Kloth/Hülsbömer (2002), S. 18; vgl. Kleinert/Klodt (2000), S. 20.

zahl ist der Rückgang des Transaktionsvolumens der Fusionsaktivitäten: 69% im ersten Quartal 2002 gegenüber dem ersten Quartal 2001. Weltweit ist das Transaktionsvolumen von Unternehmenszusammenschlüssen auf das Niveau des zweiten Quartals 1995 gesunken.[6] Derzeit ebbt die fünfte Fusionswelle wahrscheinlich endgültig ab. Gründe dafür könnten die sich verschlechternden Konjunkturaussichten, die Baisse an den Wertpapierbörsen seit Beginn des Jahres 2000 und die Folgedepression des 11. Septembers sein. Nach dem Einbruch des Neuen Marktes ist besonders den meisten New-Economy-Branchen *„die Expansionswut vergangen"*[7].

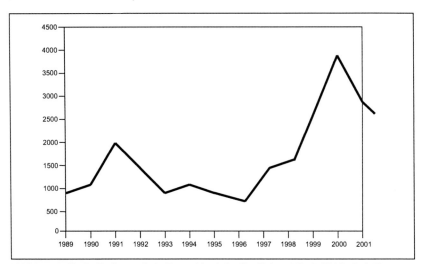

Abbildung 2: Fünfte Fusionswelle in Deutschland, Quelle: Kleinert/ Klodt (2000), S. 6, Karkowski/Grieshaber (2002), S. 11 und Grieshaber (2002), S. 104.

Heute wird zunehmend kritischer von „Fusionswahn" oder „Fusionitis" gesprochen. Der Grund dafür liegt in der erheblichen Misserfolgsrate der Fusionen - sie beträgt

---

[6] Vgl. Grieshaber (2002), S. 104.
[7] Karkowski/Grieshaber (2002), S. 12.

mindestens 60-70%.[8] Trotzdem entscheidet sich immer noch eine bedeutende Anzahl von Unternehmen für Fusionen. Vielleicht vertrauen sie den falschen „Experten": Hauptprofiteure der Verschmelzungen sind die großen US-Investmentbanken. Sie verdienen durch ihre Beratungstätigkeit rund 1% des Transaktionsvolumens - eine erhebliche Marge, betrachtet man beispielsweise die Mannesmann-Übernahme durch Vodafone im Jahr 2000 mit 2891 Milliarden DM Transaktionsvolumen.[9] So konstatierte Ernst Fassbender, M&A-Chef der Investmentbank Merrill Lynch in Frankfurt, in jenem Jahr: *„Deutschland ist für uns derzeit der wichtigste Wachstumsmarkt."*[10] Fusionswillige Unternehmen sind gut beraten, wenn sie die Motive ihrer Berater kritisch hinterfragen.

Viel wichtiger als die Frage nach Fusionsmotiven ist jedoch die, *warum* fast drei Viertel aller Fusionen scheitern. Als Grund wird in der Fachliteratur zunehmend die Vernachlässigung des wichtigsten Betriebskapitals, der Mitarbeiter,[11] genannt.[12] Für sie bedeutet die Fusion eine Bedrohung: Durch die Angst vor Arbeitsplatzverlust und Veränderung verunsichert, verlassen sie das Unternehmen oft freiwillig.[13] Diese tiefgreifende Furcht wurzelt insbesondere in der Konfrontation mit einer fremden Unternehmenskultur. Nach einer Forbes-Expertenbefragung von 500 Finanzvorständen aus dem Jahr 1999 stellen inkompatible Unternehmenskulturen das primäre Hindernis bei der Erreichung der mit einer Fusion angestrebten Synergien dar.[14] Eine Vielzahl wissenschaftlicher Beiträge[15] widmet sich seit kurzem besonders intensiv diesem kontroversen Thema, das zugleich Basis und Nukleus

---

[8] Vgl. Jochmann (2001), S. 10; vgl. Lickert (2000), S. 18; vgl. Breuer (1999), S. 38; vgl. Töpfer (2000), S. 12; vgl. Waschkuhn (2000), S. 21 unter Berufung auf eine Studie von KPMG über 314 fusionierende Unternehmen aus dem Jahre 1997.

[9] Vgl. Hiller von Gaertringen (2000), S. 93, 94.

[10] Zitiert nach ders., S. 93.

[11] Durch die eingeschränkten Möglichkeiten einer geschlechtsneutralen Formulierung wären im Folgenden stets Doppelnennungen wie bspw. „Mitarbeiter und Mitarbeiterinnen" nötig. In dieser Arbeit werden die männlichen Formulierungsvarianten lediglich aus Gründen der besseren Lesbarkeit verwendet und als Kurzform für beide Geschlechter verstanden.

[12] Vgl. Felder (2001), S. 156; vgl. Dielmann (2000), S. 478; vgl. Jansen/Pohlmann (2000), S. 30; vgl. Marks/Mirvis (1992); vgl. auch dies. (1997).

[13] Vgl. Lickert (2000), S. 22.

[14] Vgl. dazu weiterführend Hilb (2000), S. 40.

[15] Vgl. etwa Habeck/Kröger/Träm (2001), S. 102 f.

der weichen Misserfolgsfaktoren[16] von Fusionen bildet. Ihr Ergebnis: Inkompatible Unternehmenskulturen können einen erheblichen Widerstand der Belegschaft gegenüber Fusionen hervorrufen. Bei internationalen Fusionen – ihr Anteil bleibt unbeeinflusst durch die Globalisierung mit ca. 25% konstant – kommen verstärkt landeskulturelle Unterschiede zum Tragen. Sie können die Kommunikation als Grundvoraussetzung für gegenseitige Akzeptanz erheblich erschweren. Was richtig gemeint ist, wird falsch verstanden.

Die vorliegende Arbeit widmet sich der Bedeutung kultureller Divergenzen für den Fusionserfolg. In **Kapitel 2** werden Fusionen als Sonderfall des Unternehmenszusammenschlusses klassifiziert und ihre Ziele erklärt. Es folgt die Einteilung des Fusionsprozessablaufs in drei Phasen. Im Anschluss wird untersucht, warum Fusionen scheitern. Der Schwerpunkt liegt dabei auf den weichen Misserfolgsfaktoren, zu denen die schon erwähnten inkompatiblen Unternehmenskulturen zählen. Aufgrund seiner immensen Bedeutung für den Fusionserfolg betrachtet **Kapitel 3** das Phänomen Unternehmenskultur eingehend. Dazu werden die bisherigen Resultate der Unternehmenskulturforschung erläutert und verschiedene Kulturtypologien vorgestellt. Schließlich wird das Verhältnis der Unternehmenskultur zu immanenten und externen Kultursystemen aufgezeigt. Nach der notwendig detaillierten Bestimmung der Untersuchungsobjekte Fusion und Unternehmenskultur und der Interdependenzen zwischen ihnen ergänzt **Kapitel 4** diese Betrachtung um den internationalen Aspekt. Die Vorstellung von Ergebnissen der vergleichenden Managementlehre und der Erforschung interkultureller Kompetenz beweist, wie stark der Einfluss nationaler Kulturunterschiede auf den Fusionsverlauf und –erfolg ist. Der Vergleich von vier verschiedenen Modellen erklärt, wie eine Fusion bei national geprägten Unternehmenskulturen verlaufen kann und welche Hürden dabei zu nehmen sind. **Kapitel 5** zieht die Schlussfolgerungen aus den vorangegangenen Ausführungen: Der Verfasser entwickelt ein eigenes Modell zum Aufbau einer gemeinsamen Drittkultur zweier fusionierender Unternehmen. Als Beispiel dafür wird der denkbar komplexeste Fall, die internationale Megafusion, gewählt. Nach der

---

[16] Vgl. weiterführend Punkt 2.5.2 auf S. 35 ff. dieser Arbeit.

Vorstellung der Hauptakteure der kulturellen Fusion und ihrer Aufgaben werden in einer prozessorientierten Betrachtung die idealtypischen Schritte jeder Fusionsphase vorgestellt und erklärt, wie eine gemeinsame Drittkultur aufgebaut werden kann, die erheblichen Einfluss auf den Erfolg jeder Fusion ausübt. Den Abschluss der Arbeit bilden normative Ratschläge an die Fusionspraxis und die Wissenschaft, um Defizite und zukünftige Forschungsschwerpunkte aufzuzeigen. Praxisbeispiele finden ausschließlich Berücksichtigung, sofern sie einen sinnvollen Beitrag zur Problemklärung leisten. Da sie jedoch stets nur den spezifischen Einzelfall abbilden, werden abstrahierende Erläuterungen, die über diese „Streiflichter" hinausgehen, präferiert.

2. Fusionen

2.1 Begriffsabgrenzung

Die Fusion ist eine Sonderform des Unternehmenszusammenschlusses. Ein Unternehmenszusammenschluss kann als Vereinigung von Wirtschaftseinheiten innerhalb einer marktwirtschaftlichen Ordnung definiert werden, die zur Erlangung besserer Beschaffungs- und Absatzbedingungen sowie günstigerer Produktionsverhältnisse und zur Ermöglichung gemeinsamer Finanzierungs- und Kapitaldispositionen ihre wirtschaftliche Dispositionsfreiheit einschränken.[17] Unternehmenszusammenschlüsse werden international unter dem Sammelbegriff „Mergers and Acquisitions" (M&A) zusammengefasst.[18] Die angelsächsische Bezeichnung besteht aus den Wörtern „merger" = Verschmelzung, Zusammenschluss und „acquisition" = jegliche Art der Beteiligung an einem anderen Unternehmen. Dieser umfassende Begriff ist vom enger gefassten deutschen „Unternehmenszusammenschluss" zu unterscheiden, denn er beinhaltet sämtliche Aktivitäten, die mit dem Erwerb oder der Veräußerung von Firmenbeteiligungen, Fusionen oder Kooperationen in Zusammenhang stehen.[19] Er ist zu weit gefasst und für diese Arbeit nicht praktikabel.

Das Unternehmen wird hier allgemein als planvoll organisierte Wirtschaftseinheit, in der Sachgüter und/oder Dienstleistungen erstellt und/oder abgesetzt werden, verstanden.[20]

Nach der Bindungsintensität werden zwei Typen von Unternehmenszusammenschlüssen unterschieden: **Kooperation** und **Konzentration**.

Bei der **Kooperation** arbeiten rechtlich selbständige Unternehmen freiwillig zusammen. Ihre wirtschaftliche Souveränität geben sie nur in den kooperierenden Bereichen auf. Kooperationen können sein: Gelegenheitsgesellschaften (Arbeitsgemeinschaften, Konsortien), Interessengemeinschaften, Kartelle, Gemeinschaftsunternehmen.

---

[17] Vgl. dazu Wöhe (2000), S. 381 f.
[18] Vgl. Macharzina (1995), S. 568 f.
[19] Vgl. dazu Gösche (1991), S. 11.

In **Konzentrationen** geben die Unternehmen ihre wirtschaftliche Eigenständigkeit in allen Bereichen auf und unterstellen sie einer einheitlichen Leitung. Konzentrationen können Beteiligungen, Unterordnungs- und Gleichordnungskonzerne sein. Eine besondere Form der Konzentration ist die **Fusion** oder Unternehmensverschmelzung (engl. „merger"). Fusionierende Unternehmen geben nicht allein die wirtschaftliche, sondern auch die rechtliche Selbständigkeit auf. Nach Abschluss des Fusionsprozesses besteht nur noch ein rechtliches Einheitsunternehmen mit rechtlich unselbständigen Betriebsstätten.[21] Fusionen als bindungsintensivste Form der Konzentration und damit eines Unternehmenszusammenschlusses sollen hier begriffen werden als „...*Zusammenschluß zweier oder mehrerer rechtlich selbständiger Betriebe (Firmen) zu einer rechtlichen Einheit. Die Vermögensmassen, Rechte und Pflichten werden zusammengeführt, wobei entweder eine Firma als rechtliche Einheit untergeht, oder eine Nachfolgefirma gegründet wird.*"[22] Eine Fusion kann mit oder ohne vorherigen Anteilserwerb erfolgen. Während die wirtschaftliche Einheit schon vor der Fusion durch Bildung eines Konzernes begründet werden kann, tritt die rechtliche Einheit immer erst mit dem Zeitpunkt der Fusion ein.[23]

2.2 Klassifizierungskriterien

Nach dem Klassifizierungsmerkmal der Bindungsintensität für Unternehmenszusammenschlüsse de generis werden nun fünf Bestimmungskriterien speziell für Fusionen betrachtet: **Vermögensverbleib, Diversifikation, Größe, Freiheitsgrad** und **Internationalisierung.**

Nach dem **Vermögensverbleib** werden zwei Fusionsvarianten unterschieden:

---

[20] Vgl. Wöhe (2000), S. 2-5.
[21] Vgl. dazu ders., S. 321, 337, 837.
[22] Schubert/Küting (1981), S. 92. Häufig wird die Bezeichnung „Fusion" in der Praxis durch die Begriffe Unternehmensverbindung, Allianz und Verschmelzung substituiert. Vgl. dazu Schubbe (1999), S. 37.
[23] Vgl. Gabler (1993), S. 3580.

1.) Fusion durch Aufnahme:[24] Das Vermögen des übernommenen Unternehmens geht auf das des übernehmenden Unternehmens über. Bei Börsennotierung tauschen die Anteilseigner des vergehenden Betriebes ihre Aktien gegen die des wachsenden, bestehenden Betriebes (A+B=B).

2.) Fusion durch Neugründung:[25] Die Vermögen der fusionierenden Unternehmen gehen auf ein neu gegründetes Unternehmen über. Bei Börsennotierung tauschen die Anteilseigner ihre Altaktien gegen die Aktien des neuen Unternehmens (A+B=C).[26]

Ein weiteres Bestimmungskriterium bildet die **Diversifikation**. Sie meint hier die Ausweitung der strukturellen Leistungstiefe und –breite eines Unternehmens durch die Art der verschmelzenden Wirtschaftsstufen. Danach können *vertikale, horizontale und konglomerate Fusionen* unterschieden werden:[27]

1.) V*ertikale Fusion (Integration):* Es verschmelzen aufeinander folgende Produktions- und Handelsstufen. So lassen sich Rückwärts- (engl. „upstream") und Vorwärtsdiversifikationen (engl. „downstream") unterscheiden (Bsp. Rückwärtsintegration: Ölraffinerie verschmilzt mit Ölfördergesellschaft; Bsp. Vorwärtsintegration: Ölraffinerie übernimmt Tankstellennetz).[28] Vertikale Fusionen erhöhen die Fertigungs- oder Leistungstiefe eines Betriebes. Durch die Integration unterschiedlicher Produktionsstufen wird eine erhöhte Profitabilität angestrebt.[29] Zudem können Beschaffungs- und Absatzmärkte gesichert werden.[30] Problematisch bei vertikalen Fusionen kann die Reaktion der Konkurrenz sein. Bei einer Rückwärtsintegration bspw. kann der erworbene Zulieferer vor der Fusion auch die Konkurrenz beliefert

[24] Die Fusion durch Aufnahme ist in den §§ 4-35 (allgemein), 46-55 (GmbH), 60-72 (AG), 79-95 (Genossenschaft), 110-113 (WaG) UmwG geregelt.
[25] Die Fusion durch Neugründung ist in den §§ 36-38 (allgemein), 56-59 (GmbH), 73-77 (AG), 96-98 (Genossenschaft), 114-117 (WaG) UmwG geregelt.
[26] Vgl. Wöhe (2000), S. 337.
[27] Vgl. Gabler (1993), S. 3580; vgl. Wöhe (2000), S. 838. In der Praxis bestehen zwischen diesen fließende Übergänge und es kommt zu Mischformen. Vgl. Bühner (1985), S. 28.
[28] Vertikale Fusionen gibt es nicht nur in völlig unabhängigen Unternehmen, sondern auch innerhalb bestehender Konzerne, die sich umstrukturieren. Beispiele sind die Verschmelzung der Tochter- auf die Muttergesellschaft (sog. „upstream-merger") oder der umgekehrte Fall („downstream-merger"). Vgl. dazu Wöhe (2000), S. 337.
[29] Näheres zu den Zielen von Fusionen vgl. Punkt 2.3 auf S. 20 ff. dieser Arbeit.
[30] Vgl. Schubbe (1999), S. 40, 41.

haben. Diese springt nach der Fusion möglicherweise ab und bezieht ihre Waren von anderen Lieferanten, um den gewachsenen Wettbewerber zu schwächen. So wird durch Nichtauslastung der Produktionskapazität der erworbene Zulieferer in seiner Profitabilität gefährdet.[31]

2.) *Horizontale Fusionen:* Es verschmelzen Unternehmen der gleichen Produktions- und Handelsstufe (z.B. Daimler-Benz und Chrysler). Dabei können horizontale Fusionen ohne und mit Ausweitung der Produktpalette unterschieden werden. Bei ersteren verschmelzen direkte Wettbewerber mit identischen Produktpaletten (Bsp.: zwei Rennrad-Produzenten). Sind die Produkte hingegen nur verwandt, dann erhöhen die fusionierenden Unternehmen ihre Leistungsbreite (Bsp.: Rennrad- und Kinderrad-Produzent). Das generelle Ziel von horizontalen Fusionen ist das Erlangen von Größen- und damit verbundenen Kostenvorteilen. Speziell in der Beschaffung sind durch eine gesteigerte Bedarfsmenge bessere Einkaufskonditionen zu erwarten. In der Distribution können Vertriebswege gemeinsam genutzt werden, um Fixkosten zu senken. Verfolgte Zwecke dieser Fusionsart können auch die Ausschaltung der Konkurrenz zwischen den Fusionspartnern und die Schaffung einer marktbeherrschenden Position sein.[32]

3.) *Konglomerate Fusionen:* Es verschmelzen Unternehmen unterschiedlicher Branchen und/oder Produktions- und Handelsstufen. Stehen die Fusionspartner weder auf der Produkt- noch auf der Marktseite in irgendeiner Beziehung zueinander, handelt es sich um sog. „reine konglomerate" Fusionen.[33] Zwecke von konglomeraten Fusionen können die Sicherung des Zugangs zu anderen Märkten und eine damit verbundene Ausweitung des Produktangebotes sein. Beide bedingen eine bessere Risikoverteilung, wenn z.B. die konjunkturelle Abhängigkeit durch das Agieren auf verschiedenen Märkten sinkt.[34] Zudem können über Mischkalkulatio-

---

[31] Vgl. Greune (1997), S. 30-33; vgl. Möller (1983), S. 23.
[32] Vgl. Sautter (1988), S. 8-13; vgl. Keller (1990), S. 237-240.
[33] Vgl. dazu Sautter (1988), S. 23-30.
[34] Vgl. Schubert/Küting (1981), S. 33-37.

nen Verluste in einem Marktsegment durch Gewinne in einem anderen quersub-ventioniert werden.[35]

In der derzeitigen fünften Fusionswelle liegt das Schwergewicht bei den horizonta-len Fusionen, analog zur Konzentration auf Kernkompetenzen. In der dritten Welle waren das die vertikalen und in der vierten die konglomeraten Fusionen.[36] Die neue Dominanz der horizontalen Verschmelzungen beunruhigt Wettbewerbsrecht-ler. Sie befürchten marktbeherrschende Stellungen der fusionierten Unternehmen und damit eine Einschränkung der Funktionsfähigkeit des Marktes.[37]

Weiteres Klassifizierungsmerkmal für Fusionen ist deren **Größe**. Die Unterneh-mensgröße kann bspw. nach Umsatz, Börsenwert, Mitarbeiterzahl oder Produkti-onskapazität bemessen werden.[38] Hier erscheint der Umsatz als besonders geeig-net, da sich – anders als beim Börsenwert – auch nicht börsennotierte Mittelständ-ler an ihm messen lassen. Demnach werden in Anlehnung an Jansen und Körner als mittelständische Unternehmen solche mit einem Umsatz von bis zu 500 Mio. Euro betrachtet.[39] Überschreiten die Fusionspartner nicht diese Grenze, soll hier von *mittelständischen Fusionen* gesprochen werden. Das andere Extrem bilden die sogenannten „Megafusionen". Ab einer Größe von fünf Milliarden Euro weltweiten Umsatzes des neu entstehenden Unternehmens sind Unternehmenszusammen-schlüsse bei der EU-Kommission anzumelden und werden von ihr überprüft, weil bei Unternehmen dieser Größenordnung von gemeinschaftsweit kartellrechtlicher Bedeutung ausgegangen werden kann.[40] Ab dieser Umsatzgröße soll im Folgen-den von *Megafusionen* die Rede sein. Fusionen zwischen diesen Extremen wer-den als *Großfusionen* bezeichnet.

Entscheidend ist aber nicht nur die singuläre Größe des fusionierten Betriebes, sondern auch das Größenverhältnis zwischen den fusionierten Betrieben. Ist die

---

[35] Vgl. Schubbe (1999), S. 42.
[36] Vgl. Kleinert/Klodt (2000), S. 21.
[37] Vgl. dies., S. 1.
[38] Vgl. dazu Wöhe (2000), S. 18.
[39] Vgl. Jansen/Körner (2000), S. 26. Der Umsatz von Mittelständlern wird hier mit bis zu einer Milli-arde DM angegeben. Aus Gründen der Vereinfachung wurde hier ein DM-Euro-Wechselkurs von 2:1 angenommen.
[40] Vgl. dazu Kleinert/Klodt (2000), S. 11.

Verschmelzung Abschluss eines Unternehmenskaufes, so besteht ein signifikanter Größenunterschied zugunsten des Akquisiteurs. Dann wird von „reinen Übernahmen"[41] gesprochen. Im Anschluss an einen Unternehmenskauf kann eine Verschmelzung aus rechtlichen, organisatorischen oder steuerlichen Gründen notwendig sein.[42] Eine „Fusion unter Gleichen" (engl. „Merger of Equals") liegt vor, wenn zwei Unternehmen ohne signifikante Größenunterschiede freiwillig fusionieren. So lassen sich auch sehr großvolumige Transaktionen, die als Unternehmensübernahmen nicht zu finanzieren wären, realisieren. Zudem entsteht meist ein deutlich produktiveres Arbeitsumfeld durch eine gleichberechtigte Verschmelzung als durch eine Übernahme.[43] An dieser Stelle sei bemerkt, dass derzeit eine heftige Diskussion darüber entbrennt, ob es überhaupt einen Merger of Equals gibt oder wirtschaftliche Betriebe niemals völlig gleichgestellt sind – strikter formuliert: ob es sich dabei um eine bloße PR-Strategie des Management handelt, um das Personal des Zielbetriebes nicht in Panik zu versetzen.[44] Diese Diskussion hat den Faktor Größe der fusionierenden Unternehmen zum Ursprung, zielt aber klar auf interpersonelle Konflikte der Mitarbeiter bezüglich der Fusion ab und soll an dieser Stelle nicht weiter vertieft werden.[45]

Bei Fusionen durch Übernahme dient der **Freiheitsgrad** zur weiteren Klassifizierung: man unterscheidet freundliche und feindliche Übernahmen, je nachdem ob die Transaktion im Einvernehmen mit dem Management des Zielunternehmens realisiert wird oder nicht, indem Aktionären Stimmrechtsanteile abgekauft werden.[46] Gegen eine feindliche Übernahme (engl. „hostile takeover") kämpft das Zielunternehmen meist mit allen Mitteln. Die wirkungsvollste Abwehrmaßnahme ist eine nachhaltige unternehmenswertsteigernde Geschäftspolitik und deren Kom-

---

[41] Jansen/Körner (2000), S. 19
[42] Vgl. weiterführend ebd.; vgl. Achleitner (2002), URL: http://www.gabler.de/wirtschaftslexikon/leseprobe/324.htm.
[43] Vgl. Achleitner (2002), URL: http://www.gabler.de/wirtschaftslexikon/leseprobe/324.htm.
[44] Vgl. ohne Verfasser (2002), URL: http://www.pmi-post-merger-integration.de/ fusionsstrategie.html.
[45] Vgl. zu dem Misserfolgsfaktor des sog. „Merger-Syndroms" Punkt 2.5.2.1 auf S. 35 f. dieser Arbeit.
[46] Vgl. dazu Bruhn/Homburg (2001), S. 468.

munikation, da die meisten Übernahmeversuche durch eine bestehende Unterbe-
wertung der Zielgesellschaft am Kapitalmarkt motiviert sind. Weitere präventive
Maßnahmen sind die starke Erhöhung des Kaufpreises durch bedingte Rechtsge-
schäfte (int. „Poison Pills", „Golden Parachutes"), die faktische Verhinderung der
Kontrollübernahme (vinkulierte Namensaktien, Höchststimmrechte) und andere
Reaktionen, die die Behinderung der Umstrukturierung des Zielunternehmens be-
wirken sollen (int. „Asset Lockups"). Beim Vorliegen eines konkreten Übernahme-
angebotes können hingegen Ad-hoc-Abwehrmaßnahmen ergriffen werden. Dazu
zählen u.a. Veräußerungen von besonders attraktiven Unternehmensteilen (int.
„Crown Juwels"), ein feindliches Gegenangebot des Zielunternehmens zur Übernahme des Käufers (int. „Pac Man"), gerichtliche Verfahren zur Verzögerung oder
die Suche nach einem alternativen, freundlich gesonnenen Käufer (int. „White
Knight"). Allerdings stehen nicht alle angeführten Maßnahmen mit dem jeweils gel-
tenden Übernahmerecht in Einklang.[47]

Nach dem Grad der **Internationalisierung** lassen sich nationale und grenzüberschreitende Fusionen (engl. „Crossborder Mergers") unterscheiden. Die Motivation
für letztere liegt u.a. im Bestreben der verschmelzenden Unternehmen, ihre bisherigen inländischen Aktivitäten auf ausländische Märkte auszudehnen. Dies dient
der Förderung des unternehmerischen Oberziels (bspw. Gewinnmaximierung).
Dabei sind im Rahmen der Internationalisierung besonders drei Bereiche von Bedeutung:

1.) der Absatz: Erhöhung der Absatzmenge durch Erweiterung des Absatzgebie-
tes, also Erschließung neuer Märkte;

2.) die Beschaffung: Nutzung günstiger Inputfaktoren der Auslandsmärkte, insbesondere des Faktors Arbeit;

3.) der Finanzbereich: Niedrigere Steuersätze im Ausland, etc.

Im Vordergrund steht übergreifend die Aufdeckung von Kostensenkungspotentia-
len bei gleichzeitiger Erweiterung des Absatzmarktes. Die schwächste Form von
Internationalisierungsbestrebungen stellen Exporte dar. Die nächste Stufe bilden

---

[47] Vgl. Achleitner (2002), URL: http://www.gabler.de/wirtschaftslexikon/leseprobe/324.htm.

Direktinvestitionen im Ausland. Dies können Vertriebsniederlassungen im Gastland, Lizenzvergabe, Auslandsproduktion, Joint Ventures (gleichberechtigte Kooperationen mit einem oder mehreren Gastlandunternehmen in deren Land) sowie Tochtergesellschaften sein.[48] Extremste Form der Internationalisierungsbestreben eines Unternehmens ist die Fusion. Sie birgt in der Regel das weitaus größte Risiko für Betriebe.[49]

2.3 Ziele

Das „Institute for Mergers & Acquisitions" (IMA) der Universität Witten/Herdecke und die Unternehmensberatung Mercuri International führten eine empirische Analyse über Erfolgs- und Misserfolgsfaktoren von Fusionen durch. Unter der Leitung von Stephan A. Jansen und Klaus Körner wurden 103 Unternehmensverschmelzungen mit deutscher Beteiligung zwischen 1994 und 1998 anhand eines ausführlichen Fragebogens untersucht. Jansen und Körner fanden heraus, dass fortschreitende Globalisierung und mit ihr einhergehender Kostendruck im Zentrum der aktuellen Fusionswelle stehen. Als dominierende strategische Ziele wurden die Erhöhung der (globalen) Marktpräsenz (70% der Befragten), Kostensynergien bei der Leistungserstellung (39%) und der Vermarktung (31%) genannt. Bestürzendes Ergebnis: Keines der durch die Fusionen verfolgten Ziele – ausschließlich der Erhöhung der Marktpräsenz – hatte einen positiven Einfluss auf die Umsatz- und Börsenwertentwicklung. Als signifikant negativ für den Unternehmenswert hat sich die Zielsetzung „Aufbau eines zusätzlichen Geschäftsfeldes durch Zukäufe (Diversifikation)" erwiesen.[50]

---

[48] Vgl. Bruhn/Homburg (2001), S. 287, 288.
[49] Vgl. weiterführend Punkt 2.5 auf S. 27 ff. dieser Arbeit.
[50] Vgl. Jansen/Körner (2000), S. 3, 6, 7.

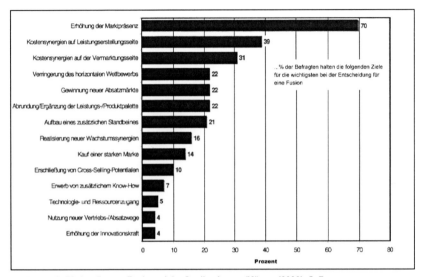

Abbildung 3: Die häufigsten Fusionsziele, Quelle: Jansen/Körner (2000), S. 7.

Nach der empirischen Analyse der Fusionsziele sollen sie nun theoretisch klassifiziert werden. In der Regel entsprechen die Ziele einer Verschmelzung den obersten Unternehmenszielen. Das Zielsystem eines Unternehmens als Basis der Unternehmensstrategie besteht aus einer Reihe unterschiedlicher, eng verknüpfter Zielkomponenten. Zu den übergeordneten Zielen gehören neben dem Gewinn- oder Rentabilitätsstreben beispielsweise das Machtstreben, die Risikostreuung, das Unternehmenswachstum, die Unabhängigkeit oder die Sicherung von Arbeitsplätzen.[51] Wie die Unternehmensziele selbst, können auch die Motive für Fusionen grundsätzlich in monetäre und nicht-monetäre unterschieden werden.[52]

---

[51] Vgl. Gerpott (1993), S. 61-71; vgl. Paprottka (1996), S. 23.
[52] Vgl. Ossadnik (1995), S. 5-9.

2.3.1 Monetäre Ziele

Monetäre Ziele von Fusionen lassen sich in **reale** und **spekulative Motive** unterteilen. **Reale monetäre Motive** verfolgen eine Unternehmenswertsteigerung durch Verschmelzung.[53] Die durch die Fusion entstehenden erfolgssteigernden Effekte werden als positive Synergieeffekte bezeichnet.[54] Dazu gehören die *Erhöhung der Wirtschaftlichkeit,* die *Steigerung der Wettbewerbsfähigkeit* und die *Minderung von unternehmerischen Risiken.* Die *Erhöhung der Wirtschaftlichkeit* ergibt sich durch Rationalisierungsmaßnahmen, die eine Fusion ermöglicht: die Zusammenlegung einzelner Abteilungen (z.b. Personalabteilung), die Vermeidung von Doppelaktivitäten (Forschung und Entwicklung), Wissenstransfer (z.b. zur Optimierung von Produktionsabläufen), gemeinsame Nutzung von Patenten und Lizenzen.[55] Bei horizontalen Fusionen ergeben sich „Economies of Scale", *„Einsparungen aufgrund sinkender durchschnittlicher Produktionskosten, wenn Betriebsgröße und Produktion ausgeweitet werden."[56]* Vertikale Fusionen hingegen verringern zumeist die Transaktionskosten, da Informationen über Beschaffungs- und Absatzmarkt kostengünstiger und zeitgerechter zur Verfügung stehen.[57] Die *Steigerung der Wettbewerbsfähigkeit* als zweiter Synergieffekt ergibt sich durch den vergrößerten Marktanteil und die damit verbesserte Stellung gegenüber Lieferanten, Abnehmern und Finanzgebern.[58] Der Zuwachs an Marktmacht kann zudem zur Errichtung von Markteintrittsbarrieren für potentielle Konkurrenten benutzt werden. Dies können z.b. Größenersparnisse (kosteneffiziente Produktion, gebunden an Mindestkapazität) oder absolute Kostenvorteile (durch erleichterten Zugang zu Rohstoff- oder Kapitalressourcen, Patentschutz) sein. Horizontale Fusionen verfolgen vor allem die Steigerung der Marktmacht. Mit dem Fusionspartner wird auch dessen Marktposition übernommen. Vertikale Fusionen verfolgen eine größere Unabhängigkeit

---

[53] Vgl. Coenenberg/Sautter (1988), S. 691-710.
[54] Vgl. Ansoff (1965), S. 75-102. Der Begriff leitet sich ab vom altgriechischen Wort für Zusammenarbeit, „synergein": vgl. Koblitz (1999), S. 3.
[55] Vgl. Schmidt, T. (1996), S. 8; vgl. Lickert (2000), S. 13.
[56] Samuelson/Nordhaus (1998), S. 698.
[57] Vgl. Sautter (1988), S. 258-260.
[58] So Dielmann (2000), S. 478.

durch Sicherung von Absatzwegen und Zugang zu Beschaffungsmärkten. Konglo-merate Fusionen schließlich können durch interne Quersubventionierung und Mischkalkulation die Marktposition stärken und die Zutrittsbarrieren erhöhen.[59] Drit-ter positiver Synergieffekt bei Fusionen ist die *Minderung des unternehmerischen Risikos* durch Streuung. Die erweiterte Produktpalette und die Erschließung neuer Märkte vermindern die wirtschaftliche, konjunkturelle und wachstumsbedingte Ab-hängigkeit von einer einzelnen Produktsparte.[60] Weiteres reales monetäres Ziel von Fusionen sind Steuervorteile. Diese ergeben sich bspw. durch die Übernahme von Verlustvorträgen.[61]

Spekulative monetäre Motive basieren auf der Vermutung, dass der reale Wert eines Unternehmens nicht durch seinen Marktpreis bemessen werden kann und dass eine Verschmelzung ruhende Potentiale weckt.[62] Durch mangelnde Transpa-renz der Märkte herrscht ein Informationsgefälle zwischen Marktteilnehmern. Dies kann z.B. dazu führen, dass ein Wettbewerber aufgrund besserer Branchenkennt-nis vom Wachstum seiner Branche ausgeht, ein anderer wegen Informationsdefizi-ten von deren Rückläufigkeit. Dann übernimmt erstgenannter Betrieb Letzteren, um seine Marktposition auszubauen. Hier ist der Wissensvorsprung entscheidend für den Wert eines Unternehmens.[63] Ruhende Potentiale können bspw. durch Ein-führung eines neuen Managementsystems mit der Fusion aktiviert werden. Dem liegt die Spekulation zugrunde, dass das fusionierte Unternehmen sich gemeinsam besser leiten lässt als die Einzelgesellschaften für sich.[64]

2.3.2 Nicht-monetäre Ziele

Nicht-monetäre Motive von Fusionen sind zuvorderst persönliche Interessen der Unternehmensleitung.[65] Durch die Trennung von Leitung und Eigentum kann es in

---

[59] Vgl. Schwalbach (1986), S. 713 ff.
[60] So auch Schubbe (1999), S. 46. Dieser Synergieeffekt ist jedoch äußerst fraglich. Vgl. Punkt 2.5.1.2 auf S. 31, 32 dieser Arbeit.
[61] Vgl. Weber (1991), S. 79.
[62] Vgl. Bühner (1989), S. 163.
[63] Vgl. Hase (1996), S. 34, 35.
[64] Vgl. Hoffmann (1992), S. 41.
[65] Vgl. Möller (1983), S. 14.

einem Unternehmen zu Zielkonflikten kommen, wenn das Management andere Interessen verfolgt als die Eigentümer.[66] Selbstüberschätzung und Prestigedenken des Managements können zu Fusionen führen. Oder diese verhindern, wie im Falle von Glaxo und Smith-Kline Beecham. Der angestrebte Zusammenschluss der Unternehmen zum weltweit größten Pharmakonzern scheiterte am Egozentrismus der Firmenchefs: Sir Richard Sykes und Jan Leschly konnten sich nicht über die Verteilung der Chefposten einigen.[67]

Natürlich kann der Wunsch, über Unternehmenswachstum den eigenen Einflussbereich zu erhöhen, auch mit den monetären Zielen eines Unternehmens in Einklang stehen. Er kann aber auch zu äußerst fragwürdigen Verschmelzungen führen und zu deren vorprogrammiertem Scheitern, wenn das Management sich übernimmt und nicht in der Lage ist, die größere Wirtschaftseinheit erfolgreich zu führen.

Ein weiteres nicht-monetäres Fusionsmotiv kann das Bewahren der Unabhängigkeit sein. Läuft etwa ein mittelständisches Unternehmen Gefahr, von einem größeren Betrieb übernommen zu werden, kann es seinerseits mit einem anderen Mittelständler verschmelzen. So bewahrt es – zumindest teilweise – seine Unabhängigkeit und stärkt seine Position am Markt.[68]

2.4 Prozessablauf

Der Fusionsprozess stellt einen hochkomplexen Ablauf dar, zu dessen wirtschaftswissenschaftlichem Verständnis ein formaler Zugang gesucht wird. In der Fachliteratur finden sich deshalb eine Vielzahl von Prozessmodellen.[69] In Anleh-

---

[66] Zur Darstellung und Analyse solcher Zielkonflikte, die sich aus einem Informationsgefälle und Interessenkonflikten zwischen Auftraggeber und Auftragnehmer ergeben, wurde in der wirtschaftswissenschaftlichen Literatur die „Principal-Agent-Theorie" entwickelt. Sie unterscheidet verschiedene Typen asymmetrischer Information und erforscht Kontrollmaßnahmen, die den negativen Effekten entgegenwirken können. Einen guten Überblick über die Principal-Agent-Theorie bieten Picot (1999), S. 85–94 und Pfaff/Zweifel (1998), S. 184-190.
[67] Vgl. dazu Lickert (2000), S. 13, 14.
[68] Vgl. Bühner (1990), S. 19-21.
[69] Vgl. zu den verschiedenen Prozessmodellen stellvertretend die Ausführungen bei Waldecker (1995), S. 40 ff. und Dahm (1982), S. 14 ff. sowie Parsons (1984), S. 36.

nung an Dabui erscheint hier die Reduzierung auf drei idealtypische Phasen als zweckmäßig: die Premerger-, die Merger- und die Postmerger-Phase.[70]

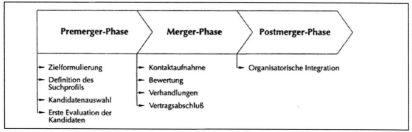

Abbildung 4: Struktur des Fusionsprozesses, Quelle: Dabui (1998), S. 21.

2.4.1 Premerger-Phase: Planung

Die Premerger-Phase geht einer Fusion voran. In ihr wird das Verschmelzungsvorhaben geplant. Je intensiver dies geschieht, desto eher können Probleme und Schwierigkeiten in folgenden Phasen vermieden werden. Die Premerger-Phase umfasst alle die Fusion auslösenden sowie vorbereitenden Maßnahmen und Entscheidungen des Unternehmens. Sie beginnt mit einer gründlichen Analyse und Bewertung der eigenen Unternehmensziele und der ihnen zu Grunde liegenden Strategie sowie der Stärken und Schwächen aller Unternehmensbereiche. Diese organisatorische, qualitative und personelle Bestandsaufnahme ermöglicht den direkten Vergleich mit möglichen Fusionspartnern hinsichtlich Gemeinsamkeiten und Unterschieden, die für den späteren Integrationsprozess entscheidend sind. Es folgt die Ableitung von Kriterien zur Auswahl adäquater Fusionspartner. Diese umfassen Produktpalette, Umsatzgröße, Kapitalausstattung, Marktpräsenz, Unternehmens- und Landeskultur des optimalen Zielunternehmens. Anhand dieser Kriterien werden mögliche Kandidaten für die Verschmelzung selektiert. Im Abschluss der Premerger-Phase erfolgt eine erste Evaluation und Analyse dieser präferierten Unternehmen.[71]

---

[70] Vgl. Dabui (1998), S. 20, 21.
[71] Vgl. dazu ebd.; vgl. Schubbe (1999), S. 49, 50.

2.4.2 Merger-Phase: Durchführung

In der Merger-Phase wird das Fusionsvorhaben durchgeführt. Sie beginnt mit der Kontaktaufnahme zum „passendsten" Fusionspartner. Je nachdem ob dieser zustimmt oder nicht, werden die Verhandlungen fortgeführt oder abgebrochen und dann mit dem nächsten Kandidaten des Selektionsrankings aufgenommen. Insbesondere bei börsennotierten Zielobjekten besteht aber auch die Möglichkeit einer feindlichen Übernahme des ablehnenden Unternehmens.

Im Rahmen einer sog. „Due Diligence"-Prüfung werden während der Verhandlungen mit dem Fusionspartner zusätzliche Informationen gewonnen. So können bislang unberücksichtigte Risiken aufgedeckt und der in der Premerger-Phase evaluierte Unternehmenswert verifiziert werden. Der Begriff „Due Diligence" bedeutet „mit der gebührenden Sorgfalt". Er entstammt den kapitalmarktrechtlichen Vorschriften der USA. Mehr als im deutschen Recht gilt dort die Maxime des "caveat emptor", d.h. der Käufer hat die Sache vor Abschluss des Kaufvertrages gründlich zu prüfen, da der Verkäufer grundsätzlich nicht für Mängel der Sache haftet.[72] Darüberhinaus hat der Begriff im M&A-Bereich besondere Bedeutung erlangt. Dort meint er die bewusste, systematische, professionelle Untersuchung der Unternehmenschancen und -risiken der zu kaufenden Gesellschaft durch den Interessenten während der Übernahmeverhandlungen. Diese Überprüfung umfasst alle organisatorischen, personellen, finanziellen, steuerlichen und rechtlichen Grundlagen sowie das operative Geschäft.[73] Eine Due Diligence betrachtet auch die potentielle Zukunftentwicklung eines Unternehmens. Ihre Durchführung hängt im Wesentlichen von den zur Verfügung stehenden Informationen über den Fusionspartner ab. Zugang zu ihnen kann nur mit Hilfe des Fusionspartners erfolgen.[74]

Im Anschluss folgen die Einigung über den Kaufpreis (im Falle einer Übernahme), Bestimmung der Eigentumsverhältnisse an dem Gemeinschaftsbetrieb, Höhe einer möglichen Entschädigung für ausscheidende Minderheitsgesellschafter sowie die

---

[72] Vgl. Merkt (1995), S.1041.
[73] Vgl. Schmeisser/Clermont (1999), S. 52.
[74] Vgl. Picot (2000), S. 224 ff. Zu einer Sonderform der Due Diligence-Prüfung, der „Cultural Due Diligence", vgl. Punkt 5.2.1.2 auf S. 124 ff. dieser Arbeit.

Klärung aller rechtlichen Fragen. Außerdem sind zukünftige gemeinsame Zielvor-
stellungen, Geschäftstätigkeit und Unternehmenskultur abzugleichen. Wurden diese Fragen hinreichend geklärt, erfolgt der Vertragsabschluss. Mit ihm endet die
Merger-Phase.[75]

2.4.3 Postmerger-Phase: Integration

In der Postmerger-Phase wird die organisatorische Integration der alten Unternehmen in den fusionierten Betrieb durchgeführt. Integration von Unternehmen
meint allgemein die Gesamtheit aller Maßnahmen, die dazu beitragen, die betriebswirtschaftlichen und sozialen Systeme miteinander zu verbinden. Integration
im engeren Sinne umfasst einen langfristigen Prozess, der auf den Interaktionen
der Mitglieder der beteiligten Betriebe basiert.[76] Die Integration ist der Schlüssel
zum Fusionserfolg. Erst mit ihrem erfolgreichen Abschluss kann der Prozess der
Wertschöpfung des neuen Unternehmens einsetzen.[77] Im Verlauf des Integrationsprozesses müssen u.a. die unterschiedlichen Organisationsstrukturen, Führungs-
systeme, Unternehmenskulturen und Kommunikationssysteme zu einer harmonischen und funktionalen Einheit verschmolzen werden.[78] Der damit verbundene
erhebliche organisatorische und finanzielle Aufwand, führt in der Regel zunächst
zu Produktivitäts- und Rentabilitätseinbußen.[79] Die Integrationsphase muss durch
einen fortlaufenden Kontrollprozess begleitet werden, um Komplikationen
schnellstmöglich zu identifizieren und zu beseitigen.[80]

2.5 Misserfolgsfaktoren

Nur, wenn der Unternehmenswert zweier verschmolzener Unternehmen größer ist
als der addierte Wert der Einzelunternehmen, war eine Fusion erfolgreich. Mittlerweile herrscht in der Fachliteratur jedoch Einigkeit darüber, dass dies weltweit bei

---

[75] Vgl. Dabui (1998), S. 21, 22; vgl. Schubbe (1999), S. 50.
[76] Vgl. dazu Jemison (1988), S. 191-218.
[77] Vgl. dazu Dabui (1998), S. 22-24.
[78] So auch Schubbe (1999), S. 51.
[79] Vgl. weiterführend Punkt 2.5.1.1 auf S. 30, 31 dieser Arbeit.
[80] Vgl. Freund (1991), S. 492.

mehr als der Hälfte aller Fusionen nicht der Fall ist. Dies gilt für inländische als auch grenzüberschreitende Fusionen.[81] Die Fusionsziele werden nur bei ca. 40% aller Verschmelzungen verwirklicht.[82] Pessimistischere Annahmen gehen sogar nur von 30% Erfolgsquote aus.[83] Stattdessen erwarten die Unternehmen Ertragseinbußen, Verlust qualifizierter Führungskräfte und anderer Mitarbeiter sowie Börsenwertverluste.[84] Die Mehrzahl der Autoren bleibt die Antwort auf die Frage nach den Gründen schuldig. Dieser Vorwurf kann Jansen und Körner nicht gemacht werden. Sie haben bei ihrer Studie über 103 Fusionen mit Beteiligung deutscher Unternehmen den Fusionserfolg am Verhalten von Börsenwert und, um nicht börsennotierte Mittelständler mit einbeziehen zu können, Umsatz über vier Jahre nach Vertragsabschluss gemessen. Ihre Ergebnisse sind ernüchternd: Lediglich bei 44% der fusionierten Unternehmen stieg der Umsatz und nur bei 24% der Börsenkurs. Als wichtigste erfolgssichernde Aufgaben gaben die Unternehmen selbst

1.) schnell kommunizierte Entscheidung über die Führungsstruktur (57% der Befragten),

2.) Erarbeitung einer externen und internen Kommunikationsstrategie (47%) und

3.) Einsatz von Integrationsteams (27%) an.[85]

Aus der Teilmenge der erfolgreich fusionierten Unternehmen isolierten Jansen und Körner Faktoren, die einen signifikant positiven Einfluss auf die Umsatzentwicklung bzw. die Börsenkurssteigerung haben. Umsatzsteigernd wirken demnach vor allem eine Integrationsplanung im Vorfeld, Entwicklung des Wissenstransfers und eine überzeugende Kommunikationsstrategie nach innen und außen. Kurssteigernd sind dagegen der Einsatz von Integrations- und Projektteams und eine planvolle Strategie für die Zusammenarbeit mit Kunden.[86]

---

[81] Vgl. Fischer/Steffens-Duch (2000), S. 674; vgl. dies. (2001), S. 49.
[82] Vgl. Jochmann (2001), S. 10 und Lickert (2000), S. 18.
[83] Vgl. Breuer (1999), S. 38; ebenso Töpfer (2000), S. 12; so auch Waschkuhn (2000), S. 21.
[84] Vgl. dazu Jochmann (2001), S. 10.
[85] Vgl. Jansen/Körner (2000), S. 8.
[86] Vgl. dies., S. 11; vgl. weiterführend zur Berücksichtigung dieser Erfolgsfaktoren Punkt 5.2.2.5 auf S. 135 dieser Arbeit.

In der Fachliteratur findet sich überwiegend die Auffassung, dass der Hauptgrund für Misserfolge von Fusionen die Unterschätzung sog. „weicher Faktoren" im Fusionsprozess sei.[87] Sie würden gegenüber den „harten Faktoren" stark vernachlässigt, obwohl – oder gerade weil – sie sehr viel schwieriger zu handhaben seien.[88] Dabei sind laut Jochmann mehr als 50% des Fusionserfolges abhängig vom Management weicher Faktoren.[89] Trotz dieser vielfach wiederholten These können kaum präzise Definitionen des Begriffspaares „harte/weiche Faktoren" gefunden werden. Die Informationen sind fragmentarisch: „Harte Faktoren" seien meist messbar und könnten in Zahlen ausgedrückt werden. „Weiche Faktoren" hingegen umfassten all das, was mit menschlichen und psychologischen Aspekten, den Gefühlen der Belegschaft zusammen hänge.[90] Sie beinhalteten Themen wie Kultur, Integration und Kommunikation.[91] Breuer verwendet den Begriff zudem synonym mit einem anderen, ebenso nebulösen: der „zwischenmenschlichen Komponente"[92].

Aufgrund der defizitären Begriffsbestimmungen bezüglich „harter/weicher Faktoren" soll folgend eigene Definition gelten: „Faktor" meint hier fusionsspezifisch ein für den Misserfolg einer Fusion bedeutendes Moment. „Weiche Faktoren" werden demnach verstanden als individuelle menschliche Widerstände, Ängste und Emotionen bezüglich einer Fusion und der fusionsbedingten Veränderungen innerhalb des Unternehmens. Diese Veränderungen können sich auf Machtverhältnisse, Selbstwertgefühle und Lebensumstände der Betroffenen, Kommunikation und Unternehmenskultur auswirken. Sie sind naturgemäß schwer zu quantifizieren und damit zu evaluieren. Ihnen ist immanent, dass sie in der Premerger- und der Mergerphase kaum zum Vorschein kommen, sondern erst in der Postmergerphase als Risikopotential offenkundig werden.[93]

---

[87] Vgl. stellvertretend etwa Tonscheidt-Gösstl/Stolzenburg (1998), S. 36; so auch Lickert (2000), S. 19.
[88] Vgl. Jochmann (2001), S. 11.
[89] Vgl. ders., S. 22.
[90] Vgl. Lickert (2000), S. 19.
[91] Vgl. Tonscheidt-Gösstl/Stolzenburg (1998), S. 36; so auch Lickert (2000), S. 19.
[92] Breuer (1999), S. 38.
[93] Vgl. dazu Punkt 2.5.2 auf S. 35 ff. dieser Arbeit.

Demgegenüber lassen sich „harte Faktoren" als leicht quantifizierbar und nicht innerhalb von Individuen, sondern vielmehr als emotions- und willenlose Abstrakta definieren. Zu ihnen zählen Kosten, Größe eines Unternehmens, wettbewerbsrechtliche Normen und die Geschwindigkeit des Integrationsprozesses. Zwar werden diese Faktoren individuell erlebt, entstehen jedoch nicht innerhalb eines Individuums.

Im Anschluss sollen zunächst harte Misserfolgsfaktoren einer Fusion vorgestellt werden: Kosten, Größe, Wettbewerbsrecht und Integrationsgeschwindigkeit. Sodann folgt die genauere Betrachtung der weichen Faktoren: Merger-Syndrom, Widerstand, mangelnde Kommunikation und Inkompatibilität von Unternehmenskulturen.

2.5.1 Harte Faktoren

2.5.1.1 Kosten

Jede Fusion bedingt einen extrem hohen Kostenaufwand.[94] Kostenintensiv ist besonders der Integrationsprozess in der Premerger-Phase. Mit ihm ist ein erheblicher Verwaltungsaufwand verbunden, der wichtige Ressourcen wie Finanzmittel, Personal und Zeit bindet. Pritchett veranschlagt daraus resultierend eine zwölf bis 24 Monate dauernde Rückläufigkeit von Rentabilität und Produktivität.[95] Rudolf und Schreiber kalkulieren für eine Fusion durch Übernahme, dass die Integrationskosten besonders der Postmerger-Phase so hoch wie der Kaufpreis selbst sein können.[96] Zu berücksichtigen sind hier auch die Kosten, die externe Unternehmensberater verursachen.[97] Es gibt wohl kaum eine Fusion, bei der nicht M&A-Experten zu Hilfe gerufen werden. Allein die zehn größten M&A-Beratungsunternehmen der Welt haben 1998 über 1300 Megafusionen begleitet.[98] Dielmann argumentiert, dass sie gegenüber den meisten Betroffenen hinreichende Fusionserfahrung be-

---

[94] Vgl. Lehnus (2000), S. 26.
[95] Vgl. Pritchett (1985), S. 103.
[96] Zitiert nach: Zander (2000), S. 43.
[97] Vgl. dazu Schubbe (1999), S. 43.
[98] Vgl. Waschkuhn (2000), S. 20.

säßen.[99] Jansen und Körner hingegen kommen zu dem empirischen Ergebnis, dass Fusionserfahrung keinerlei Einfluss auf den Erfolg einer Fusion hat.[100] Resümierend lässt sich festhalten, dass Fusionen häufig mehr kosten als sie Wert schöpfen. Kalkuliert ein fusionswilliges Unternehmen nicht in der Premerger-Phase diesen erheblichen finanziellen Aufwand mit ein, so läuft es Gefahr, sich mit der Fusion zu übernehmen und zu scheitern.

2.5.1.2 Größe

Ein weiterer harter Misserfolgsfaktor für Fusionen kann die Größe sein. Dies erscheint paradox, da Größenzuwachs ein erklärtes Ziel fusionierender Unternehmen ist. Dem liegt die Annahme zu Grunde, dass mit voranschreitender Globalisierung einzig Wachstum das Überleben sichere. Dies fand im vielzitierten Ausspruch von Bruce Henderson, Gründer der Boston Consulting Group, ihren Ausdruck. Er konstatierte in den 1970er Jahren, dass es auf einem stabilen Wettbewerbsmarkt niemals mehr als drei signifikante Wettbewerber gebe.[101] Ghemawat und Ghadar widerlegen diese Regel. Sie haben in einer Langzeitstudie über 40 Jahre die Erfolgsquote von internationalen Zusammenschlüssen in 20 Branchen untersucht. Anhand des „Herfindahl-Index", der die Höhe der Konzentration in einem Markt angibt, fanden sie heraus, dass weltweit eben keine Konzentration zu verzeichnen ist, sondern dass diese in den 1950er und 1960er Jahren sehr viel höher ausfiel als heute. Dies gilt bspw. für die Öl- und die Aluminiumindustrie, aber auch für die Automobilbranche sowie die High-Tech-Industrie.[102] Zwar ist zweifelsohne eine zunehmende Globalisierung zu verzeichnen, jedoch keine steigende Konzentration. Weshalb diese also künstlich forcieren? Aufgrund der hohen Kosten, die mit Fusionen verbunden sind, zerstört Konzentration sogar Werte, statt sie zu schaffen.[103] Das Motiv liege vielmehr in den Neigungen der Manager der fusionierenden

[99] Vgl. Dielmann (2000), S. 479.
[100] Vgl. Jansen/Körner (2000), S. 15.
[101] Vgl. Ghemawat/Ghadar (2000), S. 66.
[102] Vgl. dies., S. 67-69.
[103] Vgl. dies., S. 68f.

Unternehmen begründet, so die Forscher.[104] Ein Argument, das angesichts der Tatsache Aufmerksamkeit verdient, dass bspw. der Mannesmann-Chef Esser nach dem Zusammenschluss mit der britischen Vodafone um 60 Mio. DM reicher wurde – allerdings durch seine Abfindung. Die amerikanische Investment-Bank Goldman Sachs verdiente an der Vodafone-Beratung sogar 200 Mio. DM.[105] Dies zeigt, dass außer dem Management noch andere Interessengruppen von der Fusionswelle profitieren: allen voran Investmentbanker und Analysten, aber auch Fondsmanager und M&A-Berater.[106]

Im Vordergrund des Größenwahns stehen, so ließe sich schließen, nicht die Interessen des Unternehmens und – bei Börsennotierung - seiner Aktionäre, sondern vielmehr individuelle Egoismen. Wie sonst ließe sich die reine Gier nach Größe und das Ignorieren so spektakulärer Ergebnisse wie denen von Ghemawat und Ghadar erklären? Schließlich bedeutet Größe Langsamkeit. Die Reaktionszeit verlängert sich, die Innovationskraft nimmt ab. Als Folge verlieren die Konzerne Marktanteile an neue Konkurrenten.[107] So kommen auch Jansen und Körner zu dem Ergebnis: Kleine Unternehmen fusionieren besser. 54,5% der Betriebe mit bis zu einer Milliarde Mark Umsatz konnten diesen via Fusion steigern. Hingegen war nur 38,9% der Großunternehmen eine Umsatzsteigerung beschieden.[108]

Nicht nur die Größe des fusionierten Unternehmens, auch die Größenunterschiede zwischen den Fusionspartnern sind erfolgsentscheidend: Fusionen unter Gleichwertigen benötigen für die Integration zwar mehr Zeit, sind dabei aber bedeutend erfolgreicher. So stieg bei 30,8% der Unternehmen der Börsenwert und 52,8% der Umsatz. Bei den Fusionen durch Übernahme waren es hingegen nur 18,8% bzw. 38%.[109]

---

[104] Vgl. dies., S. 69, 70.
[105] Vgl. dazu Balzer/Hirn/Wilhelm (2000), S. 78.
[106] Vgl. dazu weiterführend dies., S. 78-81.
[107] Vgl. unter Berufung auf Ghemawat/Ghadar Heuer (2002), S. 26; vgl. auch Balzer/Hirn/Wilhelm (2000), S. 79.
[108] Vgl. unter Berufung auf die Studie von Jansen/Körner Münster (2000), S. 99.
[109] Vgl. ebd.

2.5.1.3 Wettbewerbsrecht

Fusionen können eine empfindliche Einschränkung des Wettbewerbs bedeuten. Sie werden deshalb vom Bundeskartellamt, zuständig für den Wettbewerbsschutz in Deutschland, geprüft. Die Grundlage seiner Tätigkeit bildet seit dem 1. Januar 1958 das Gesetz gegen Wettbewerbsbeschränkungen (GWB). Ist nach dem GWB eine marktbeherrschende Stellung[110] zu erwarten oder wird diese verstärkt, wird ein Verbot erlassen. Die Entscheidungen des Amtes werden in einem justizähnlichen Verfahren von elf Beschlussabteilungen, abgegrenzt nach Wirtschaftszweigen, getroffen. Das Bundeskartellamt kann zudem europäisches Wettbewerbsrecht anwenden, soweit nicht die Europäische Kommission selbst tätig wird.[111] Diese hat gemäß der Europäischen Fusionskontrollverordnung bei Zusammenschlüssen von gemeinschaftsweiter Bedeutung die ausschließliche Kontrollpflicht. Gemeinschaftsweite Bedeutung besteht, wenn

- der weltweite Umsatz aller beteiligten Unternehmen mehr als 5 Mrd. Euro und

- der gemeinschaftsweite Umsatz von mindestens zwei beteiligten Unternehmen jeweils mehr als 250 Mio. Euro beträgt, es sei denn

- die beteiligten Unternehmen erzielen mehr als zwei Drittel ihres gemeinschaftsweiten Gesamtumsatzes in ein und demselben Mitgliedstaat.[112]

Wie das Kartellamt untersucht auch die EU-Kommission, ob eine marktbeherrschende Stellung begründet oder verstärkt wird.[113]

Bei Fusionen durch feindliche Übernahmen greift neben dem Aktiengesetz seit dem 1. Januar 2002 die erste gesetzliche Regelung für Unternehmensübernahmen in Deutschland, das Wertpapiererwerbs- und Übernahmegesetz (WpÜG).[114] Die Regeln des WpÜG erschweren die Übernahme eines Zielunternehmens erheblich; dies wird derzeit kritisch in der Fachliteratur diskutiert. So konstatieren bspw. Höl-

---

[110] Vgl. § 19 Abs. 2 und Abs. 3 GWB.
[111] Vgl. weiterführend Bundeskartellamt (2002), URL: www.bundeskartellamt.de.
[112] Vgl. Kleinert/Klodt (2000), S. 6.
[113] Vgl. Wöhe (2000), S. 338; weiterführend: Art. 85 EGV, Art. 1 Verordnung des Rates 17/62 v. 6. 2. 1962, BGBl.II, S. 93 mit allen nachfolgenden Änderungen (Ausnahmen des Kartellverbotes auf europäischer Ebene).
[114] Vgl. Wilsing (2002), S. 18, 19.

ters und van Kann, dass die mit dem WpÜG in Deutschland gesetzlich dokumentierte Haltung, Übernahmen tendenziell abzulehnen, international einzigartig und ein erheblicher Rückschritt sei.[115]

Wettbewerbsrecht und Übernahmeregeln müssen schon in der Premerger-, spätestens aber in der Merger-Phase im Rahmen der Due Diligence-Prüfung bedacht werden. Sonst kann eine Verschmelzung zum Scheitern verurteilt sein, bevor der Fusionsvertrag unterzeichnet ist.[116]

2.5.1.4 Integrationsgeschwindigkeit

Für Dielmann ist eine erfolgreiche Fusion ein „Wettlauf mit der Zeit"[117]. Auch Lehnus sieht in der Geschwindigkeit ein zentrales Element für erfolgreiches Integrationsmanagement und den aussichtsreichsten Weg, die Fusion möglichst reibungslos durchzuführen. Gerade in Fusionszeiten sei übertriebener Perfektionismus fehl am Platz: *„Die 80 %-Lösung von heute ist der 100 %-Lösung von morgen vorzuziehen."*[118] Die Studie von Jansen und Körner widerlegt dies: Zwischen Integrationsgeschwindigkeit und Fusionserfolg konnte kein kausaler Zusammenhang hergestellt werden. Geschwindigkeit sei kein Wert an sich.[119] Von den 45% der analysierten Fusionen, die noch im ersten Monat der Postmerger-Phase mit der Umsetzung der Integrationspläne begannen, konnte nur jede fünfte eine Wertsteigerung erzielen. Fusionen, die erst nach drei Monaten mit der Integration begannen, waren doppelt so erfolgreich.[120]

Nur, weil keine positive Korrelation der beiden Faktoren Integrationsgeschwindigkeit und Fusionserfolg festgestellt wurde, so Jansen, dürfe man jedoch keine voreiligen Schlüsse ziehen. Zeitspanne und Zeitpunkt spielten durchaus eine Rolle. Wichtig sei jedoch nicht das Tempo der Integration, sondern die Effektivität, mit der die Zeit genutzt werde. So dulde etwa die Entscheidung über die neue Führungs-

---

[115] Vgl. Hölters/van Kann (2002), S. 19.
[116] Zu den gesetzlichen Grundlagen von Fusionen vgl. weiterführend Picot (2000), S. 28ff.
[117] Dielmann (2000), S. 480.
[118] Lehnus (2000), S. 27.
[119] So auch Engeser (2000), S. 89.
[120] Vgl. Jansen/Körner (2000), S. 16.

kultur und deren Kommunikation keinen Aufschub.[121] Somit ist nicht mangelnde Geschwindigkeit ein Misserfolgsfaktor für Fusionen, sondern ineffiziente Zeitnutzung und schlechtes Timing.

2.5.2 Weiche Faktoren

2.5.2.1 Merger-Syndrom

In der Vernachlässigung des wichtigsten Kapitals eines Betriebes, den Mitarbeitern,[122] sehen Experten einen wesentlichen Grund für das Scheitern von Fusionen.[123] Für die Unternehmensmitglieder bedeutet die Fusion eine erhebliche Veränderung, insbesondere bei einer feindlichen Übernahme.[124] Dann wird die Fusionsabsicht bis zuletzt verschwiegen, um dem Zielunternehmen keine Zeit für Abwehrmaßnahmen zu lassen.[125] Die plötzlichen und unerwarteten Veränderungen verunsichern die Mitarbeiter. Die Gesamtheit der psychologischen Auswirkungen von Fusionen und deren ökonomische Folgen für das Unternehmen werden mit dem mittlerweile etablierten Begriff „Merger-Syndrom" umschrieben, 1992 geprägt durch Marks und Mervis.[126]

Die psychologischen Auswirkungen von Fusionen können sich im Empfinden eines Vertrauensbruches ausdrücken: Die Unternehmensleitung hat einen ungeschriebenen Sozialkontrakt gekündigt. Es droht zudem eine Vielzahl von Verlusten: Verlust des hierarchischen Status und damit Minderung der Kontrollmöglichkeit, Verlust vertrauter Mitarbeiter und persönlicher Beziehungen, Verlust des vertrauten Arbeitsumfeldes und bewährten Know-Hows, Verlust verinnerlichter Zukunftsperspektiven.[127] An der Spitze rangiert die Angst vor dem Arbeitsplatzverlust. Ob sie begründet ist, muss im Einzelfall entschieden werden. Grundsätzlich greift § 613 a BGB. Danach übernimmt der Erwerber eines Unternehmens auch die Mitarbeiter in

---

[121] Vgl. dazu Münster (2000), S. 99 – 102.
[122] Vgl. dazu Felder (2001), S. 156.
[123] Vgl. Dielmann (2000), S. 478; vgl. Jansen/Pohlmann (2000), S. 30.
[124] Vgl. Lickert (2000), S. 22.
[125] Vgl. ders., S. 22, 23.
[126] Vgl. Marks/Mirvis (1992); vgl. auch dies. (1997). Synonym verwendet werden zudem „Flashlight-Syndrom", „Kontext-Trance" und „Fusions-Trauma". Vgl. dazu Jansen/Pohlmann (2000), S. 30.
[127] Vgl. Lickert (2000), S. 23, 24.

ihrer konkreten arbeitsvertraglichen Situation.[128] Dies zwingt die Unternehmensleitung, die neue Belegschaft zu integrieren.[129] Aber: Wieviele Mitarbeiter wissen
konkret um ihre rechtliche Absicherung? Hier geht es ja um Ängste, und diese
müssen nicht rational begründet sein.[130] Angst als Affekt kann auf einer akuten
Gefahr gründen, aber auch als quälender Dauerzustand grundlos und ohne ein
bestimmtes Objekt auftreten. Länger anhaltend überansprucht sie nicht nur das
vegetative Nervensystem, sondern führt u.a. zu Bewegegungslähmung („Totstellreflex"), gesteigerter Unruhe und Flucht- bzw. Abwehrverhalten. Daseinsanalytiker
sehen den Ursprung der Angst de generis in einer fundamentalen Bedrohung der
Existenz.[131] Die genannten Symptome sind typisch für Fusionsbetroffene. Einige
von ihnen verhalten sich unauffällig und introvertiert (Totstellreflex), einige verlassen freiwillig und äußerst zügig das Unternehmen (Flucht). Gesteigerte Unruhe ist
Begleiterscheinung jedweder Fusion. Zumeist geht mit der Angst vor Veränderung
und Unbekanntem Stress einher. Der Begriff „Stress", vom Physiologen Hans Se-
lye geprägt, fungiert als Sammelbezeichnung für permante oder häufige Belastung
des menschlichen Organismus. Stressfolgen können von Erschöpfungszuständen
über psychische (Neurosen) und physische Schäden (Psychosomatik) bis hin zu
dauernden psychischen und physischen Schädigungen reichen.[132] Dies gilt besonders für Stresssituationen, die der Betroffene nicht verursacht geschweige denn
unter Kontrolle hat.[133]

---

[128] Vgl. dazu Felder (2001), S. 156. Trotzdem geht mit Fusionen immer wieder Stellenabbau einher.
Vgl. weiterführend Schmidt (1999), S. 56, 57.
[129] Eine Ausnahme bildet die „betriebsbedingte" Kündigung. Wenn nicht mehr genug Arbeit für alle
Betroffenen vorhanden ist, darf der Arbeitgeber dem kündigen, der am wenigsten schutzwürdig ist.
Vgl. dazu Welp (2000), S. 236 f.
[130] Nach Grunwald schafft bzw. beeinflusst die subjektive Wahrnehmung eines Individuums dessen
objektive Realität. Auch unbegründete Angst wird durch ihre verhaltensbestimmende Wirkung real.
Vgl. Grunwald (2000), S. 20, 21.
[131] Vgl. dazu Lickert (2000), S. 25.
[132] Vgl. ders., S. 26.
[133] Vgl. Bernath-Frei (1998), S. 46-49.

Ebene	Auswirkungen
1. Personale Ebene	Unzufriedenheit, Gereiztheit, Aggressivität, Erschöpfung, Schuldgefühl, Depression
2. Verhaltensebene	Häufige Fehler, Unfälle, vermehrter Drogenkonsum (Nikotin, Alkohol, Rauschgifte), soziale Isolation
3. Kognitive Ebene	Konzentrationsschwäche, Vergesslichkeit, reduzierte Problemlösungsfähigkeit
4. Physiologische Ebene	Erhöhter Cholesterinspiegel, Bluthochdruck, Allergien, Migräne, Muskelschmerzen, Zittern, Schlaflosigkeit

Abbildung 5: Individuelle Folgen von Stress, Quelle: In Anlehnung an Gut-Villa (1995), S. 79.

Die hier angeführten intrapersonellen Folgen der Fusion schaffen eine Krisensituation für die verschmelzenden Unternehmen. Folge ist eine durchschnittlich um das Zwölffache steigende Fluktuationsrate beim Personal.[134] Kündigungen können aber auch unbemerkt und unausgesprochen bleiben. Die sog. „innere Kündigung" der Mitarbeiter greift um sich – die stille Aufkündigung der Loyalität dem Unternehmen gegenüber. Die Verunsicherung der Mitarbeiter überträgt sich zudem auf Kunden und Lieferanten.[135] Damit sinkt letztlich die Produktivität des Unternehmens.

2.5.2.2 Widerstand

Greift das Merger-Syndrom um sich, dann verliert die Arbeit der Belegschaft deutlich an Qualität. Peter-Schärer geht von einem Leistungsgefälle von annähernd 50% zwischen Mitarbeitern, die Sinn in ihrer Arbeit sehen und motiviert sind, und solchen, deren Handeln von Angst oder Gleichgültigkeit bestimmt ist, aus.[136] Mohr und Woehe unterteilen Mitarbeiter nach ihrer Einstellung gegenüber Veränderungen grundsätzlich in vier Gruppen:

---

[134] Münster (2000), S. 102.
[135] Vgl. ebd.
[136] Vgl. Peter-Schärer (1994), S. 80.

1.) Promotoren (ca. 5%): Diese marginale Minderheit befürwortet Veränderungen. Sie zeichnet sich durch Risikobereitschaft und Aufgeschlossenheit Neuem gegenüber aus.

2.) Skeptiker (ca. 40%): Sie zweifeln an der Notwendigkeit, sachlichen Richtigkeit und dem Nutzen der Veränderungen. Die eigenen Risiken bewerten Skeptiker als gering. Sollen sie überzeugt und motiviert werden, müssen sie zuvorderst von Sinn und Notwendigkeit der Veränderung überzeugt werden.

3.) Bremser (ca. 40%): Obwohl sie von der Notwendigkeit der Veränderung grundsätzlich überzeugt sind, befürchten Bremser persönliche Nachteile und sind erheblich verunsichert. Um sie zur Partizipation zu motivieren, müssen Bremser zuerst von ihren persönlichen Vorteilen überzeugt werden.

4.) Widerständler (ca. 15%): Eine wichtige Minderheit. Widerständler vereinen die Vorurteile der Skeptiker (hinsichtlich der Notwendigkeit) und der Bremser (bezüglich persönlicher Risiken). Dies bedingt eine stark negative Einstellung gegenüber Veränderungen bis hin zu offener Aggression. Diese Gruppe würde eher das Unternehmen verlassen als die Veränderungen zu akzeptieren. Sie sind einzig durch klare und rasche Erfolge umzustimmen.[137]

Nach dieser Unterteilung der Mitarbeiter lässt sich fest halten, dass 95% der Belegschaft von den notwendigen Veränderungen überzeugt werden müssen. Die „kritische Masse", die zügig aber dauerhaft zur Akzeptanz bewegt werden muss, wird von Mohr und Woehe quantitativ mit 20% der Mitarbeiter bemessen.[138] Widerstand gibt es aber nicht nur unter Mitarbeitern, sondern auch unter Managern fusionierender Unternehmen. Die Mehrheit der deutschen Führungskräfte betrachten Fusionen immer noch als Bedrohung. Nach einer Verschmelzung sind betroffene Manager bis zu zwei Jahre damit beschäftigt, eine neue „Hackordnung" her zu stellen. Diese Ablenkung gleich zu Beginn der Postmerger-Phase ist äußerst unproduktiv.[139]

---

[137] Vgl. zu dieser Einteilung Mohr/Woehe (1998), S. 38-45.
[138] Vgl. dies., S. 46.

2.5.2.3 Mangelnde Kommunikation

Ein weiterer weicher Misserfolgsfaktor von Fusionen ist mangelnde Kommunikation. Verständnis und Glaubwürdigkeit der Fusion zu vermitteln ist Grundvoraussetzung für deren Erfolg.[140] Innerhalb der Betriebswirtschaftslehre wird Kommunikation dem Marketing als Lehre von der optimalen Gestaltung des Absatzbereichs zugewiesen.[141] Als Sammelbegriff für alle absatzpolitischen Instrumente hat sich der Begriff „Marketing-Mix" durchgesetzt. Dies besteht nach h.M. aus den vier Teilbereichen Produkt-, Distributions-, Preis- und Kommunikationspolitik.[142] Ziel der Kommunikationspolitik ist es, durch Information und gezielte Beeinflussung der Nachfrager Absatzwiderstände zu überwinden.[143] Sie wird in der Marketingliteratur in drei, zuweilen vier Teilbereiche gegliedert: Werbung, Verkaufsförderung, Öffentlichkeitsarbeit (extern und intern) und persönlicher Verkauf.[144] Hier interessiert nur die Öffentlichkeitsarbeit. Kotler und Bliemel definieren Öffentlichkeitsarbeit (engl. „Public Relations") als *„eine Vielzahl von Möglichkeiten, auf indirektem Wege das Image eines Unternehmens und seiner Produkte im Bewußtsein der Öffentlichkeit zu fördern."*[145] Öffentlichkeit wird in der betriebswirtschaftlichen Stakeholder-Lehre als „Stakeholder" gefasst.[146] *„Als Stakeholder eines Unternehmens kann eine Person oder Gruppe bezeichnet werden, die ein Interesse an diesem Unternehmen und dessen Tätigkeit hat, weil sie auf dieses selber aktiven Einfluß nehmen kann oder weil sie von dessen Tätigkeit berührt wird."*[147] Im Sinne der hier zu erörternden Fusionsproblematik wird die angeführte Definition mit der Besonderheit verwendet, dass „Tätigkeit" explizit „Fusion" meint. Stakeholder werden in Anlehnung

[139] Vgl. Balzer/Hirn/Wilhelm (2000), S. 86-89.
[140] Diekhof (2000), S. 59.
[141] Nach Wöhe (2000), S. 598.
[142] Vgl. ders., S. 634, 635.
[143] Meffert/Bolz (1998), S. 189 in Anlehnung an Meffert (1986), S. 443. Kotler/Bliemel addieren zudem die Direktmarketinginstrumente. Vgl. dazu und zu den Definitionen jedes Kommunikationsinstrumentes Kotler/Bliemel (1999), S. 926.
[144] Vgl. Wöhe (2000), S. 635, 694, 695.
[145] Kotler/Bliemel (1999), S. 926.
[146] Vgl. Faulstich (2000), S. 58.
[147] Trzicky (1999), S. 39.

an Trzicky in interne und externe unterteilt.[148] *Interne Stakeholder* sind die Stake-holder innerhalb eines Unternehmens und zugleich die wichtigsten für den Fusi-onserfolg - Mitarbeiter, Management, Eigentümer als die Hauptakteure einer Ver-schmelzung.[149] **Externe Stakeholder** werden *Wirtschafts-, Gesellschafts-* und *Ökosystem* zugeteilt:

1.) Wirtschaftssystem: Hierzu zählen Konsumenten, Lieferanten und Wettbewer-ber. An sie sind Antworten auf Fragen u.a. nach der Geschäftsbeziehung zum neuen Unternehmen, nach fusionsbedingten Veränderungen hinsichtlich Preis, Qualität und Konditionen, nach Bestehen der Vertragsabsprachen und einer mögli-chen Machtverschiebung zu kommunizieren.

2.) Gesellschaftssystem: Zu ihm gehören

2.1) Arbeitgeber- und Arbeitnehmerorganisationen: Bei Fusionen sind besonders Gewerkschaften bedeutend. Durch die starke „Verrechtlichung" des Personalbe-reichs dominieren ihn nationale Gesetze und damit nationales Denken. So entste-hen zwischen grenzüberschreitend fusionierenden Gewerkschafts- und Betriebs-ratsmitgliedern erhebliche Verständnisprobleme, die es zu lösen gilt;[150]

2.2) Staat: Er ist entweder als Marktpartner (Kunde, Lieferant, Kapitalgeber, Eigen-tümer) oder Behörde (Wettbewerbsaufsicht, Finanzamt)[151] bei einer Fusion invol-viert;

2.3) Medien: Sie bedienen das Informationsbedürfnis der Öffentlichkeit, können im gesamten Fusionsprozess die öffentliche Meinung beeinflussen;

2.4) Lehranstalten: Mega-Mergers wie DaimlerChrysler bieten neues Anschau-ungsmaterial für Fallstudien, Theorien, Beispiele und Prüfungsfragen.

3.) Das Ökosystem: Es wird indirekt durch spezielle Interessengruppen vertreten. Besonders internationale Fusionen sehen sich zunehmend mit Globalisierungs-

---

[148] Vgl. Trzicky (1999), S. 40-42. In der Regel werden externe Stakeholder in marktbezogene und nicht-marktbezogene unterteilt. Vgl. dazu Faulstich (2000), S. 58, 59. Dieser allgemeinen Unterteilung ist für die hier verfolgte Zielsetzung die fusionsspezifische Systematisierung von Trzicky vorzuziehen.
[149] Zu den an sie zu kommunizierenden Informationen vgl. Punkt 5.2.2.4 auf S. 133 f. dieser Arbeit.
[150] So auch Dielmann (2000), S. 479.
[151] Vgl. dazu Punkt 2.5.1.3 auf S. 33 f. dieser Arbeit.

gegnern konfrontiert. Am berühmtesten ist die in Frankreich im Juni 1998 gegründete „Vereinigung zur Besteuerung von Finanztransaktionen zum Nutzen der Bürger", besser bekannt als „ATTAC". Sie ist mittlerweile zu *dem* internationalen Netzwerk der globalisierungskritischen Bewegung geworden, deren Protest sich gegen soziale und ökologische Ungerechtigkeit in der Weltwirtschaft richtet.[152] Erfolgreiche Kommunikation über Sinn und Zweck einer Fusion an die Stakeholder wird als ein bedeutendes Schlüsselmoment für den Fusionserfolg bewertet. Laut Trzicky können Informationslücken zwischen dem Unternehmen und seinen Stakeholdern zum Aufbau von Feindbildern führen.[153] Diese Lücken zu finden und zu schließen ist Aufgabe der Öffentlichkeitsarbeit. Interne Öffentlichkeitsarbeit hat als Zielgruppe die internen Stakeholder, externe ergo die externen. Bei einer Fusion, so Diekhof, gewinnt interne Öffentlichkeitsarbeit einen ganz neuen Stellenwert. Das Management der internen Kommunikation ist eine conditio sine qua non für jede erfolgreiche Fusion.[154] Letztendlich entscheiden die Mitarbeiter über den zukünftigen Unternehmenserfolg.[155] Bei Krisen – und eine Fusion ist zweifelsohne eine – ist der ehrliche Umgang miteinander die einzige Chance, um das erfolgsentscheidende Vetrauen für das Fusionsvorhaben zu gewinnen.[156] Deswegen muss für den Kommunikationsinhalt der Grundsatz „offen, ehrlich, umfassend und klar" gelten. Dieser wird jedoch durch verschiedene Faktoren, bspw. Vertraulichkeitsgründe vor offizieller Bekanntgabe, rechtliche Gründe etc. eingeschränkt. Es gilt, Transparenz von Macht und Entscheidungsprozessen und deren Sinn zu vermitteln. Ehrlichkeit bedeutet, dass auch Nachteile und Rückschläge kommuniziert werden. Alle Parteien müssen sich kompromisslos mit der Fusion auseinander setzen und Kritikfähigkeit zeigen. Dabei ist auf Klarheit und allgemeine Verständlichkeit des Kommunikationsinhaltes zu achten. Er muss zielgruppenspezifisch ausgerichtet werden.[157]

---

[152] Vgl. weiterführend Schrage (2002), S. 10, 11; vgl. außerdem Struß von Poellnitz (2002), S. 26.
[153] Trzicky (1999), S. 51.
[154] Vgl. Diekhof (2000), S. 58; ebenso Henckel von Donnersmarck/Schatz (1999), S. 17.
[155] Vgl. Henckel von Donnersmarck/Schatz (1999), S. 11.
[156] Vgl. dies., S. 15.
[157] So auch Trzicky (1999), S. 53.

Neben der internen Öffentlichkeitsarbeit spielt auch die externe eine wichtige Rolle. Die Kommunikation der Fusion über die Medien nach außen verstärkt die Akzeptanz durch die externen Stakeholder.[158] Aber auch für die Mitarbeiter wirkt eine Kampagne mit dem Statement des Vorstandsvorsitzenden glaubwürdiger als eine Mitteilung in der Mitarbeiterzeitung. Die öffentlich gemachte Aussage erscheint als eine höhere Verpflichtung zur Wahrheit und stärkt das interne Vertrauen in die Fusion nachhaltig.[159]

2.5.2.4 Inkompatible Unternehmenskulturen

In das wissenschaftliche Interesse rücken zunehmend inkompatible Unternehmenskulturen als entscheidender Misserfolgsgrund von Fusionen. Der kontroverse Diskurs darum behandelt den Kern der Bedeutung weicher Faktoren für Verschmelzungen.[160] Diese Verbindung aufzuzeigen und die Relevanz von Unternehmenskulturen für den Erfolg von Fusionen genau herauszuarbeiten ist das Ziel des folgenden Kapitels.

---

[158] Vgl. Henckel von Donnersmarck/Schatz (1999), S. 17.
[159] Vgl. Diekhof (2000), S. 60.
[160] Vgl. etwa Hilb (2000), S. 40; vgl. Habeck/Kröger/Träm (2001), S. 102 f.

3. Unternehmenskultur

3.1 Begriffsbestimmung Kultur

„Kultur"(lat. „cultus" = Anpflanzung) geht etymologisch auf das lateinische Verb „colere" zurück, welches „bebauen" oder „pflegen" bedeutet.[161] Kultur meint damit ursprünglich die landwirtschaftliche Pflege des Bodens. In seiner historischen Entwicklung wurde der Begriff erweitert und schloss die Entwicklung der Gesellschaft, später die Künste und schließlich die gesamte Lebensweise der Menschen mit ein.[162] Kultur ist das, was nicht der Natur entspringt,[163] was künstlich vom Menschen geschaffen wird. So erklärt Freud Kultur als *„die ganze Summe der Leistungen und Einrichtungen [...], in denen sich unser Leben von dem unserer tierischen Ahnen entfernt und die zwei Zwecken dienen: dem Schutz des Menschen gegen die Natur und der Regelung der Beziehungen der Menschen untereinander."*[164] Indem der Mensch Kultur schafft, will er sich gegen die Natur schützen: ein bestelltes Feld liefert Nahrung, ein Haus trotzt dem Unwetter. Dieses Ziel findet stets materiellen Ausdruck in Abgrenzung zur Natur. Das zweite Ziel, die Regelung der zwischenmenschlichen Beziehungen, schafft die immaterielle Dimension der Kultur: Normen, Werte und Verhaltensweisen, die dem Menschen ein Miteinander ermöglichen sollen. Normen unterscheiden sich von Werten dadurch, dass sie explizit – etwa in Gesetzestexten – formuliert und somit für jedermann nachvollziehbar sind. Werte und Verhaltensweisen hingegen sind nicht so eindeutig zu lokalisieren.[165] Kultur wird stets für eine soziale Gruppe definiert.[166] Eine soziale Gruppe wird in dieser Arbeit verstanden als *„eine bestimmte Zahl von Mitgliedern [...], die zur Erreichung eines gemeinsamen Zieles [...] über längere Zeit in einem relativ kontinuierlichen Kommunikations- und Interaktionsprozeß stehen und ein Gefühl der Zusammengehörigkeit (Wir-Gefühl) entwickeln. Zur Erreichung des Gruppenziels und*

---

[161] Vgl. Lattmann (1990), S. 343.
[162] Vgl. Küsters (1998), S. 84 ff.; vgl Hochreutener (1984), S. 31.
[163] So auch Lattmann (1990), S. 343; ebenso Dülfer (1992), Sp. 1203.
[164] Freud (2001), S. 55, 56.
[165] Vgl. dazu weiterführend Punkt 5.2.1.1 auf S. 121 f. dieser Arbeit.

zur Stabilisierung der Gruppenidentität ist ein System gemeinsamer Normen und eine Verteilung der Aufgaben über ein gruppenspezifisches Rollendifferential erforderlich."[167]

Trotz der - hier äußerst verkürzt dargestellten - gemeinsamen Aspekte der Kulturbetrachtung gibt es mittlerweile eine schier unüberschaubare Anzahl von Kulturdefinitionen. Bereits 1952 zählten Kroeber und Kluckhohn allein in Kulturanthropologie und Kultursoziologie 164 verschiedene Kulturdefinitionen.[168] Ein interdisziplinär akzeptierter Kulturbegriff ist jedoch auch heute nicht existent. Deswegen soll Kultur hier aus dem Blickwinkel der Unternehmenskulturforschung betrachtet werden.

3.2 Entwicklung der Unternehmenskulturforschung

Ende der 1960er Jahre entwickelte sich eine neue Forschungsdisziplin in den Vereinigten Staaten, die **vergleichende Managementforschung**.[169] Nordamerika sah sich mit einem erstarkenden Japan konfrontiert, das zu einer führenden Wirtschaftsmacht aufstieg und erheblichen Konkurrenzdruck ausübte. Dies warf die Frage nach dem Erfolgsrezept japanischer Unternehmen auf, das in einem interkulturellen Vergleich untersucht werden sollte. Eine Vorreiterposition nahmen dabei 1978 Ouchi und Johnson ein: Sie entwickelten ein Schema zur Unterscheidung amerikanischer und japanischer Unternehmen anhand von sieben idealtypischen Kriterien.[170] Eine weitere entscheidende Arbeit erschien 1981 von Pascale und Athos.[171] In der vergleichenden Managementforschung wurde Kultur nicht als interner Faktor des Unternehmens betrachtet, sondern als externer Faktor der Umwelt, der zu Unterschieden in den Führungstechniken von Unternehmen verschiedener Kulturkreise führte. Sie lieferte die Erkenntnis, dass kulturelle Determinanten den Unternehmenserfolg beeinflussen.[172]

---

[166] Vgl. Schein (1984), S. 5-7.
[167] Schäfers (1998), S. 85.
[168] Vgl. Kroeber/Kluckhohn (1952), S. 43ff.
[169] Vgl. dazu Bleicher (1982), S. 446.
[170] Vgl. Ouchi/Johnson (1978), S. 307-310.
[171] Vgl. Pascale/Athos (1981).
[172] Vgl. Kiechl (1990), S. 110 ff.

Der Betrachtung der unternehmenskulturellen Mikroebene widmete sich die **Unternehmenskulturforschung**, welche die Wirkung kultureller Phänomene innerhalb von Unternehmen untersucht. Ein Beitrag, der ihr den Weg ebnete, erschien
1982 von Deal und Kennedy. Sie waren fest davon überzeugt, in der Unternehmenskultur als Bindemittel eines Betriebes eine entscheidende Determinante für
dessen Erfolg gefunden zu haben.[173] Ausgangsbasis war das Versagen bewährter
Managementregeln, das nicht ausschließlich durch ökonomische Faktoren erklärt
werden konnte. Das Unternehmensgeschehen erwies sich als zu komplex für her-
kömmliche Erklärungsansätze.[174] Der Begriff „Corporate Culture" wurde besonders
verbreitet durch Peters und Watermans Bestseller „In Search for Excellence" 1982,
in dem erstmals ein Zusammenhang der Kulturbegriffe aus Anthropologie, Ethnologie und Soziologie anhand der erfolgreichsten US-Unternehmen aufgezeigt wurde.[175] Der Kulturbegriff wurde nun für Organisationen spezifiziert. Jede Organisation entwickelt demnach ihre organisationsspezifische Kultur, einschließlich unver-
wechselbarer Vorstellungs- und Orientierungsmuster, welche nachhaltig verhal-
tensprägend für die Organisationsmitglieder ist.[176]

In Deutschland begann die Vertiefung der Unternehmenskulturbetrachtung nach
dem Erscheinen des Werkes von Pascale und Athos 1983 und der Übersetzung
von Peters und Watermans Arbeit 1985. Wichtige Etappen der Entwicklung einer
deutschen Unternehmenskulturforschung waren die Arbeiten von Ulrich (1981),
Bleicher (1983), Matenaar (1983), Sackmann (1983), Krulis-Randa (1984), Pümpin
(1984), Ebers (1985), Heinen (1985), dessen Schülern Dill und Hügler (1987) sowie Kahle (1988).[177] Mit dem Fall des Eisernen Vorhangs 1989, der Eröffnung des
EU-Binnenmarktes 1992 und der europäischen Währungsunion – kurz: den Vor-
aussetzungen der Globalisierung[178] - erschlossen sich besonders westeuropäi-
schen Unternehmen neue Märkte. Die damit verbundene wachsende grenzüber-

---

[173] Vgl. Deal/Kennedy (1987), S. 217-219.
[174] Vgl. Heinen/Dill (1986), S. 202ff.
[175] Vgl. Peters/Waterman (1982); vgl. Lattmann (1990), S. 342; vgl. Dülfer (1991), S. 10.
[176] Vgl. dazu Schreyögg (1993), S. 313; vgl. Lattmann (1990), S. 342.
[177] Vgl. mit weiteren Nachweisen Dülfer (1991), S. 12 und Rosenstiel (1993), S. 51, 59-62.
[178] Vgl. dazu Jaeger (1999), S. 11 f.

schreitende Konkurrenz zwang sie zu einer intensiveren Internationalisierung ihrer Geschäftstätigkeit. Dadurch erhielt die vergleichende Unternehmenskulturforschung neuen Auftrieb.[179] Auch die steigende Fusionswelle der 1990er Jahre hat zu einem verstärkten Interesse an Unternehmenskulturen geführt.[180] Eine umfassende Terminologie und Methodik der Unternehmenskulturforschung ist aber immer noch nicht zu verzeichnen.

Erste Schwierigkeit der Unternehmenskulturforschung ist die wissenschaftliche **Definition von Unternehmenskultur**. Es ist unentschieden, ob nur Werte und Normen der Mitarbeiter die Unternehmenskultur bilden, oder zusätzlich auch Verhaltensweisen und Ergebnisse deren Handelns. Eine erste präzise Systematik lieferte die Arbeit von Schein. Er entwickelte 1985 ein Drei-Stufen-Modell, das der Mehrzahl deutscher Autoren als Grundlage ihrer Forschung diente. Schein stellte fest, dass Normen, Werte und Verhaltensweisen zwar Ausdruck von Organisationskulturen sind, nicht aber ihr Kern. Dieser besteht aus den tiefer liegenden Grundüberzeugungen,[181] die aus konkreten Erfahrungen in Gruppenprozessen entstehen. Sie bilden die unterste Ebene seines Modells, sind unsichtbar und unterbewusst. Die Grundüberzeugungen reflektieren die Beziehung des Menschen zu Umwelt, Realität, Unternehmen, Natur, Zeit und Raum und zum menschlichen Wesen. Sie konkretisieren sich auf der nächst höheren Ebene, den Normen und Werten. Die Normen sind leichter als die Grundannahmen zu erfassen, z.B. wenn sie als Verhaltensrichtlinien ausformuliert sind. Die Werte jedoch sind ihren Trägern oft nicht bewusst. Umfassend nach außen sichtbar, aber interpretationsbedürftig ist die dritte Ebene, die Artefakte und Schöpfungen. Beispiele hierfür bilden Sprache, Rituale und Umgangsformen, Kleiderordnung und Raumgestaltung. Nach Scheins Modell gehören somit auch Verhaltensweisen als Artefakte zur Unternehmenskultur.[182]

---

[179] Vgl. dazu mit weiteren Nachweisen Küsters (1998), S. 76f.
[180] Vgl. bspw. Krystek (1992); Dabui (1998); Breuer (1999); Schubbe (1999); Fischer/Steffens-Duch (2000).
[181] Vgl. Schein (1985), S. 6.
[182] Vgl. dazu Dülfer (1991), S. 15, 16.

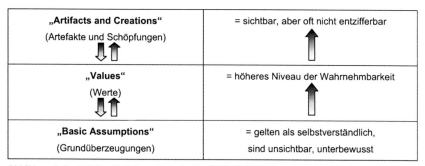

Abbildung 6: Drei-Stufen-Modell von Schein, Quelle: In Anlehnung an Schein (1985), S. 14.

Ein weiteres Problem ist die Frage nach der **Gestaltbarkeit von Unternehmens-kultur**. Dazu sind der *institutionelle* und *der instrumentelle Ansatz* zu unterscheiden. Der *institutionelle Ansatz* geht davon aus, dass jedes Unternehmen organisch gewachsen ist und eine eigenständige Kultur bildet: jedes Unternehmen ist eine Kultur. Deren Entwicklung ist kaum zu gestalten; Schwerpunkt ist ihre Erfassung.[183] Der *instrumentelle Ansatz* (auch: Variablenansatz) hingegen sieht Unternehmenskultur grundsätzlich als gestaltbar an: jedes Unternehmen hat eine Kultur. Die gezielte Beeinflussbarkeit der Kultur als Managementinstrument rückt in den Vordergrund.[184] Beide Ansätze finden sich auch in der Betrachtung der Organisation wieder.[185] Im Folgenden wird der instrumentelle Ansatz vertreten. Eine bloße Erfassung der Unternehmenskultur hieße vor dem Hintergrund der Erfolgsbedeutung für Fusionen lediglich, diese in der Premerger-Phase im eigenen Unternehmen festzustellen und zur Verschmelzung ein Unternehmen mit einer möglichst ähnlichen Kultur zu finden, um den „Cultural Fit" zu ermöglichen. Hier sollen jedoch dem Fusionsmanagement Mittel und Wege gerade der Gestaltbarkeit von Fusions-

---

[183] Vgl. dazu Smircich (1983), S. 339 ff.
[184] Vgl. Paprottka (1996), S. 169-170.
[185] Vgl. Kahle (1991), S. 18.

kulturen aufgezeigt werden, um ein harmonisches Miteinander der verschmolzenen Belegschaft zu ermöglichen.[186]

Im Folgenden sollen verschiedene Definitionsansätze zur Unternehmenskultur verglichen werden, um zu einem operationalen Begriff zu gelangen.

3.3 Begriffsbestimmung Unternehmenskultur

Die Unternehmenskulturforschung hat sich schon frühzeitig am kulturanthropologischen Kulturbegriff orientiert. Dieser findet sich in der Kulturdefinition Kluckhohns wieder:

„Kultur besteht aus Mustern von Denken, Fühlen und Handeln, hauptsächlich erworben und übertragen durch Symbole, die die charakteristischen Errungenschaften von bestimmten Gruppen von Menschen bilden, dazu ihre Verkörperungen in Artefakten; der wesentliche Kern der Kultur besteht aus traditionellen (d.h. in der Geschichte begründeten und von ihr ausgewählten) Ideen und insbesondere ihren zugehörigen Werthaltungen."[187]

Kluckhohn stellt zuvorderst auf die immaterielle Dimension der Kultur ab: Gemeinsam historisch entwickelte Wertehaltungen, Denk- und Handlungsmuster bilden den Kern des Kulturbegriffs. Diese werden vom Menschen durch Symbolsysteme vermittelt und in Artefakten verkörpert. Kultur unterteilt sich demnach in kognitive („Denken"), affektive („Fühlen") und konative („Handeln") Komponenten. Dem Bezug auf die Anthropologie liegt die Annahme zu Grunde, dass Unternehmen Miniaturgesellschaften sind, die über eine eigene Kultur verfügen.[188] Hier sei die Definition von Dill angeführt:

„Unter einer Unternehmenskultur wird eine Grundgesamtheit gemeinsamer Werte, Normen und Einstellungen verstanden, welche die Entscheidungen, Handlungen und das Verhalten der Organisationsmitglieder prägen. Die gemeinsamen Werte, Normen und Einstellungen stellen dabei die unternehmenskulturellen Basisele-

---

[186] Zu den Schwierigkeiten der Erfassung und Gestaltung von Unternehmenskulturen im Rahmen von Fusionen vgl. Punkt 5.2.1.1 auf S. 121 f. dieser Arbeit.
[187] Zitiert nach Chromy/Stork (1999), S. 130.
[188] Vgl. Dill (1986), S. 58; vgl. Chromy/Stork (1999), S. 130.

mente dar. Diese werden durch organisationale Handlungsweisen, Symbole und symbolische Handlungen verkörpert und konkretisiert.[189]

Im gleichen Jahr wie Dill definieren Kobi und Wüthrich Unternehmenskultur als *„ein System von Wertvorstellungen, Verhaltensnormen, Traditionen, Mythen sowie Denk- und Handlungsanweisungen, die das Verhalten der Mitarbeiter/innen aller Stufen und das gesamte Erscheinungsbild der Unternehmung prägen."*[190] Auch hier stellen - wie bei Dill – gemeinsame Werte, Normen und Einstellungen die Basiselemente der Unternehmenskultur dar. Sie werden durch Symbole verkörpert.

Im Folgenden soll die Definition von Dill zu Grunde gelegt werden. Unternehmenskultur ist demnach die Grundgesamtheit gemeinsamer Werte, Normen und Einstellungen, welche die Entscheidungen, Handlungen und das Verhalten der Organisationsmitglieder prägen. Diese Grundgesamtheit findet ihren Niederschlag in unternehmensspezifischen Symbolen und Handlungsweisen. Sie bestimmt das Leben und die Persönlichkeit der Mitarbeiter im Unternehmen. Dabei vermittelt sie ihnen Unternehmensidentität, die sich in der Gemeinsamkeit der Werte und in deren Weitergabe ausdrückt.[191]

3.4 Abgrenzung zu verwandten Begriffen

Aus dem Themenkreis der Unternehmenskultur gibt es eine Vielzahl von verwandten Begriffen, welche teils synonym, teils divergierend verwendet werden. In der englischsprachigen Literatur hat sich der umfassende Begriff „Corporate Culture" für Unternehmenskultur und ihre Teilaspekte etabliert.[192] Im deutschsprachigen Raum hingegen gibt es eine weitaus größere unternehmenskulturelle Begriffsvielfalt. Dahinter stehen unterschiedliche Konzeptionen, deswegen ist auf eine genaue Abgrenzung der Begriffe abzustellen.

---

[189] Dill (1986), S. 100.
[190] Kobi/Wüthrich (1986), S. 8.
[191] So auch Kahle (1991), S. 19.
[192] Vgl. zum Begriff der „Corporate Culture" Deal/Kennedy (1987) und Smircich (1983).

- **Organisationskultur:** Der Begriff umfasst nicht nur die Kultur von Unternehmen, sondern jeglicher Organisationen. Jedes Unternehmen ist eine Organisation, aber nicht jede Organisation ist ein Unternehmen. Der Begriff Unternehmenskultur ist enger und spezifischer gefasst.[193]

- **Corporate Identity:** Corporate Identity (CI) ist keinesfalls mit Unternehmensidentität zu verwechseln. CI ist ein reines Marketinginstrument und dient damit der Absatz- und Gewinnmaximierung. In der amerikanischen Corporate Culture-Forschung wird CI als Vermarktung der Corporate Culture angesehen.[194] Während Unternehmenskultur historisch und eher unstrukturiert in einem Unternehmen wächst, resultiert CI aus klar definierten Zielsetzungen und aktiven Eingriffen.[195] Sie besteht aus drei Komponenten: Corporate Design (visuelles Erscheinungsbild eines Unternehmens), Corporate Communications (sämtliche Kommunikationsaktivitäten eines Unternehmens) und Corporate Behaviour/ Attitude (das Verhalten der Individuen/des Kollektivs Unternehmen in Bezug auf externe Stakeholder).

- **Unternehmensphilosophie:** Während die Unternehmenskultur die „Ist-Identität", die tatsächlich gelebte Unternehmensidentität, vermittelt, spiegelt die Unternehmensphilosphie die angestrebte „Soll-Identität" wider.[196] Sie beinhaltet nach Scholz und Hofbauer *„richtungsweisende und orientierungsgebende Leitlinien, die den Unternehmenszweck legitimieren und eine angestrebte Unternehmensentwicklung zum Ausdruck bringen."*[197] Sie dient somit der Legitimation des Unternehmenszweckes gegenüber externen und internen Stakeholdern. Die Leitlinien als Kern der Unternehmensphilosophie werden in Unternehmensgrundsätzen und Unternehmensleitbildern schriftlich fixiert.[198]

---

[193] Vgl. zur hier erheblich verkürzten Darstellung mit weiteren Nachweisen Kahle (1991), S. 19.
[194] Vgl. ebd.
[195] Birkigt/Stadler (1980), S. 28.
[196] So auch Weber (1985), S. 181.
[197] Vgl. Scholz/Hofbauer (1990), S. 29.
[198] Vgl zu Unternehmensleitbildern weiterführend Dieschburg/Maintz (2000), S. 28 ff. und Paschen (2002), S. 75 ff.

- **Unternehmensimage:** Im Gegensatz zur Unternehmenskultur, die nach innen gerichtet ist, gibt das Unternehmensimage die Summe der Fremdbilder eines Unternehmens in der Öffentlichkeit wieder. Unternehmensimage ist „*eine Vorstellung, ein Eindruck, der in der Öffentlichkeit über die Firma vorhanden ist.*"[199] Dieser Eindruck entsteht aus Wahrnehmungen und Erfahrungen externer Gruppen von und mit dem Unternehmen.[200]

- **Unternehmensklima:** Das Unternehmens- oder Betriebsklima beinhaltet die Stimmung oder Atmosphäre innerhalb eines Unternehmens sowie das Mitarbeiterverhalten untereinander. Es umfasst die Gesamtheit subjektiver Einstellungen und Empfindungen der Belegschaft bezüglich der betrieblichen Situation.[201] Das Betriebsklima ist ein temporärer Zustand, der sich anhand von „Temperaturmessungen" punktuell feststellen lässt, und kurzfristig veränderbar (etwa durch Gehaltserhöhung für die gesamte Belegschaft). Unternehmenskultur hingegen ist nur langfristig zu modifizieren.[202]

3.5 Kultur, Struktur und Strategie

Zur Verortung der Unternehmenskultur im System Unternehmen wird nun ihr Verhältnis zu Unternehmensstruktur und Unternehmensstrategie betrachtet. Als Struktur werden hier in Anlehnung an Kahle die Gesamtheit der Regelungen einer Organisation sowie der rechtlichen Konstitution verstanden. Dazu gehören vertikale und horizontale Gliederung, Koordination des Unternehmens und Gestaltungsprobleme der Unternehmensführung. Strategie meint hier die Festlegung und Zielausrichtung des Aktionsfeldes des Unternehmens und einzelner Geschäftsfelder, also ausschließlich Markt- und Wettbewerbsstrategien. Sie umfassen die inhaltliche Bestimmung des Produkt/Markt-Konzepts, die Anpassungsfähigkeit und Innovationsausrichtung sowie die Kosten- und Erfolgsorientierung.[203]

---

[199] Sandler (1988), S. 162.
[200] Vgl. Tafertshofer (1982), S. 22.
[201] Vgl. weiterführend Krulis-Randa (1990), S. 12 und Bleicher (1986), S. 100.
[202] Vgl. Hinterhuber/Winter (1991), S. 194 f.; vgl. Rieder (1988), S. 19 f.
[203] Vgl. Kahle (1991), S. 23.

Chandler hat 1962 die Sequenz „Structure follows Strategy" geschaffen. Er stellte bei der Untersuchung von Großunternehmen Folgendes fest: Bei der Wahrnehmung einer relevanten Umweltveränderung sucht die Unternehmensführung zuerst nach einer geeigneten Strategie, um der Veränderung zu begegnen. Erst dann erfolgt eine Anpassung der Unternehmensstrukturen an die Strategie. Demnach determiniert die Strategie die Struktur.[204] Dill und Hügler weisen darauf hin, dass präskriptive Ansätze zum Zusammenhang von Strategie und Struktur eine Umkehrung der Chandler-These erfordern.[205] So kritisiert auch Ansoff 1979 diese Sequenz. In Zeiten hoher Dynamik in der Umweltveränderung, in denen Anpassungsprozesse notwendig würden, müsse zunächst die Struktur verändert werden. Nur mit Hilfe einer Struktur, die den veränderten Umweltanforderungen entspräche, könne eine adäquate Strategie entwickelt werden.[206] Dies kehrt die Chandler-These um: „Strategy follows Structure." Festzuhalten bleibt, dass zwischen Strategie und Struktur ein interdependentes Verhältnis besteht. Die umstrittene Chandler-These[207] ist m.E. in Anlehnung an Ansoff umzukehren. Eine Struktur in dynamischen Zeiten nach neuen Strategien auszurichten, verwechselt Dynamik mit Hektik und Aktion mit Reaktion.

Dill und Hügler konstatieren Interdependenz auch zwischen Strategie und Unternehmenskultur. Konvergieren unternehmenskulturelle Werte und Normen mit der Strategie, so können sie die Umsetzung und Realisation von geplanten Strategien entscheidend unterstützen. Stimmen sie jedoch nicht mit der Strategie überein, werden sie zur kaum überwindbaren Barriere: *„Die Organisationsmitglieder sind aufgrund der bislang vorherrschenden unternehmenskulturellen Werte und Normen weder bereit noch in der Lage, die strategische Wende sowie die damit verbundenen Strategieänderungen zu akzeptieren und diese in konkrete operative Aktivitäten umzusetzen."*[208] Es reicht nicht, nur die Strategie an die Struktur resp.

---

[204] Vgl. zu dieser stark verkürzten Darstellung Chandler (1962).
[205] Vgl. Dill/Hügler (1987), S. 174, Fn. 103.
[206] Vgl. Ansoff (1979), zitiert nach Dill/Hügler (1987), S. 174, Fn. 103.
[207] Vgl. zur Diskussion der Chandler-These etwa Kirsch/Esser/Gabele (1979), S. 163 ff.; vgl. Weidermann (1984), S. 279 f.
[208] Dill/Hügler (1987), S. 176.

vice versa anzupassen. Auch die Unternehmenskultur muss in Entwurf und Realisation strategischer Entscheidungen einbezogen werden.[209] Dies kann verhindern,
dass strategische Neuorientierungen auf bewusste oder unbewusste Widerstände
der Unternehmensmitglieder stoßen.[210] In Anlehnung an Rühli wird hier die inte-
grierte Betrachtung der Trilogie Strategie – Struktur – Kultur präferiert.[211]

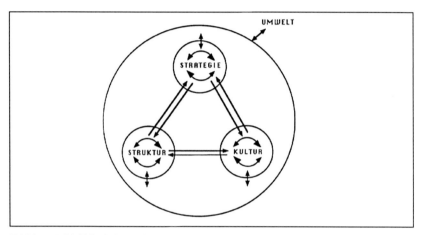

Abbildung 7: Die Trilogie Strategie – Struktur – Kultur, Quelle: Rühli (1990), S. 200.

Dabei ist grundsätzlich zu beachten, dass Unternehmenskulturen nur langfristig
verändert werden können.[212] Bestehen zwischen Kultur und neuen Strategien starke Diskrepanzen, so ist stufenweise und behutsam bei der Angleichung vorzuge-
hen.[213] Dabei ist es notwendig, eine Ist-Analyse der Unternehmenskultur durchzuführen, um sie mit der Strategie vergleichen und in sie einbinden zu können.[214] Nur
wenn Strategie, Struktur und Kultur harmonieren, wird langfristig der Unterneh-

[209] So auch dies., S. 173; ebenso Greipel (1988), S. 52.
[210] Vgl. zur Notwendigkeit der Berücksichtigung von Unternehmenskultur bei der Implementierung neuer Strategien Schwartz/Davis (1981); vgl. Davis (1984).
[211] Vgl. Rühli (1990), S. 200.
[212] Vgl. dazu Dill/Hügler (1987), S. 177.
[213] Vgl. weiterführend dies., S. 180, 181.
[214] Vgl. zu dieser Ist-Analyse der Unternehmenskultur Punkt 5.2.1.1 auf S. 121 f. dieser Arbeit.

menserfolg gesichert. Unterstützt die Kultur die Strategie, schlägt sich das erfolgs-
wirksam nieder. Bei Fehlen einer guten Strategie kann aber die Kultur allein den
Erfolg nicht sichern.[215]

3.6 Unternehmenskultur-Typologien

Eine differenzierte Betrachtung der Unternehmenskultur erfordert nach Heinen ihre
Typologisierung.[216] Im Folgenden wird eine Auswahl von Unternehmenskulturtypo-
logien vorgestellt: zunächst allgemeine Typologien bezüglich der Stärke/Schwäche
der Unternehmenskulturen und der Ausprägung von Subkulturen. Im Anschluss
daran erfolgt die Auseinandersetzung mit Typologien hinsichtlich des Inhaltes von
Unternehmenskulturen.

3.6.1 Allgemeine Unternehmenskultur-Typologien

3.6.1.1 Starke versus schwache Unternehmenskulturen

Grundsätzlich lassen sich Unternehmenskulturen nach der Stärke ihrer Ausprägung unterscheiden. Laut Heinen und Dill ist der Kern einer starken Unternehmenskultur der gemeinsame Grundkonsens bezüglich der Normen und Werte. Er
bildet das Fundament für das tägliche Handeln der Unternehmensmitglieder. Diese
verfolgen zwar auch individuelle Ziele, sind aber durch den gemeinsamen Grundkonsens gegen Macht- und Verteilungskämpfe immuner als die Mitglieder einer
konsenslosen, schwach ausgeprägten Kultur.[217] Die Gefahr einer starken Unternehmenskultur liegt in ihrer Resistenz gegen Wandel. Durch ständige Selbstbestä-
tigung verfestigt sie sich zu sehr und verkennt die Notwendigkeit von Veränderungen. Eine plötzlich auftretende Krise kann dann verheerende Folgen haben: sie
stellt die grundlegenden Werte fundamental in Frage.[218]
Schreyögg differenziert das Typologiemerkmal Stärke nach drei Kriterien. Eine Unternehmenskultur ist stark ausgeprägt, *„wenn sie (1) ein sehr prägnantes Orientie-*

---

[215] Vgl. Kahle (1988), S. 88.
[216] Vgl. Heinen (1987), S. 26.
[217] Vgl. Heinen/Dill (1986), S. 211, 212.
[218] Vgl. dies., S. 212.

rungsmuster mit klaren Handlungsanweisungen beinhaltet, (2) von vielen Organi-
sationsmitgliedern geteilt wird und (3) zum Gegenstand tiefer Überzeugung gewor-
den ist."[219] Prägnanz meint, wie eindeutig und konsistent die Unternehmenskultur
ausgeprägt ist und wie stark sie das Handeln der Mitarbeiter bestimmt. Das zweite
Merkmal bezieht sich auf die Erkenntnis, dass Kultur sich nur in Gruppen bildet. Je
größer die Gruppe, desto stärker die von ihr gelebte Kultur. Unternehmenskultur
als „Gegenstand tiefer Überzeugung" schließlich zielt ab auf die Intensität ihrer In-
ternalisierung und damit auch auf ihre handlungsbestimmende Wirkung im Unternehmensalltag.[220] Ausgewählt werden stets die Alternativen, die mit den tradierten,
erprobten Mustern übereinstimmen.[221]

Die Stärke einer Unternehmenskultur soll hier verstanden werden als internalisier-
ter Grundkonsens der Mitarbeiter über Werte, Normen und Verhaltensweisen, der
prägnant ausgeprägt ist, das Handeln der Mitarbeiter bestimmt und im gesamten
Unternehmen verbreitet ist. Bei einer schwachen Unternehmenskultur hingegen
sind diese Merkmale nur schwach ausgeprägt.

3.6.1.2 Subkulturen

Grundsätzlich können sich in jeder Unternehmenskultur auch Subkulturen bzw.
Teilkulturen bilden. Heinen macht für deren Entstehen zwei zentrale Faktoren verantwortlich: Unternehmensgröße und Organisationsstruktur.[222] Kleine Unternehmen weisen vergleichsweise einfache Strukturen auf; die Kontrollfunktion ist auf
Unternehmensgründer oder -eigner zentriert. Je größer ein Unternehmen wird,
desto mehr spezielle Fachkenntnisse benötigt es. Die Folge sind verstärkte Dele-
gation und Dezentralisation der Entscheidungsbefugnisse. So bilden sich einzelne
Unternehmensdivisionen, die große Autonomie bei der Gestaltung ihrer Betriebs-
abläufe erhalten. Sie versuchen, diese Autonomie zu wahren und die eigenen

---

[219] Schreyögg (1988), S. 155.
[220] Vgl. ders. (1989), S. 95.
[221] Vgl. ders. (1988), S. 157.
[222] Vgl. Heinen (1987), S. 29. Heinen beruft sich dabei auf die Überlegungen von Mintzberg und
Greiner zur idealtypischen Entwicklung betriebswirtschaftlicher Organisationen: vgl. Mintzberg
(1982), S. 7-19; vgl. Greiner (1982), S. 11.

Machtbefugnisse zu mehren. Es werden zunehmend eigene Auffassungen über richtiges Handeln kommuniziert und umgesetzt. Je ausgeprägter dadurch divisionsspezifische Einstellungen werden, desto mehr kann laut Heinen von einer Subkultur mit eigenen Normen und Werten gesprochen werden.[223] Damit entsteht für das Unternehmen ein Strukturdilemma: *„Je ausdifferenzierter eine Organisationsstruktur ist, um so eher bilden sich in Teilbereichen Subkulturen, die unter Umständen eine einheitliche Unternehmenskultur verhindern. Die Notwendigkeit für das einigende Band einer Unternehmenskultur ist aber gerade für derartige betriebswirtschaftliche Organisationen am größten."*[224]

Die Bildung von Subkulturen hängt nicht nur von Größe und Struktur eines Unternehmens ab, sondern auch von der Stärke bzw. Schwäche der Unternehmenskultur: je schwächer diese ist, desto eher bilden sich Subkulturen. Auch das Alter des Unternehmens spielt eine Rolle: je länger es besteht, desto mehr Subkulturen wachsen.[225] Nach Lattmann entstehen sie auch entsprechend der sozio-ökonomischen Schicht, der die Unternehmensglieder angehören. So würde sich bspw. die Subkultur schweizerischer Werkstattarbeiter weniger von der deutscher Werkstattarbeiter unterscheiden als von der des schweizerischen Management. Ein weiterer Entstehungsgrund für Subkulturen kann die Ethnokultur sein, der die Unternehmensmitglieder angehören. Dies ist entweder der Fall bei den verschiedenen Landesdependancen eines multinationalen Unternehmens oder bei größeren ausländischen Gruppen innerhalb der Belegschaft.[226]

Die Bildung von Subkulturen kann die positive Folge haben, dass sie die Unternehmenskultur flexibel gegenüber Neuem – etwa dem gesellschaftlichen Wertewandel – hält. Sie kann aber auch dazu führen, ein Unternehmen und seine Kultur von innen heraus zu zerteilen und zu spalten. Letzteres zu verhindern und ersteres zu ermöglichen muss die Aufgabe einer flexiblen, harmonischen und die Subkulturen integrierenden Unternehmenskultur sein.

---

[223] Vgl. ausführlicher dazu Heinen (1987), S. 29, 30.
[224] Ders., S. 30.
[225] Vgl. Bleicher (1984), S. 495 ff.

3.6.2 Inhaltliche Unternehmenskultur-Typologien

3.6.2.1 Eindimensionale Typologie nach Ansoff

Ansoff erfasst 1979[227] die Unternehmenskultur anhand eines einzigen Indikators: der Zeitperspektive, die das Denken und Handeln der Betriebsangehörigen prägt („time perspective"). Deren Spektrum reicht von der Vergangenheitsorientierung bis zur aktiven Gestaltung der Zukunft. Danach unterscheidet Ansoff fünf „levels of culture" und damit fünf Typen von Unternehmenskultur, welche er plakativ durch einen Slogan verdeutlicht (s.u.). Ansoff sieht diese Unternehmenskulturtypen als Eigenschaften von Subsystemen innerhalb eines Unternehmens. Nach ihnen können sich unterschiedliche Subkulturen bilden. Rühli stellt diesbezüglich die berechtigte Frage, ob ein so komplexes Phänomen wie Unternehmenskultur mit einem einzigen Indikator erfasst werden kann. Ihm zustimmend ist diese Frage zu verneinen.[228] Deswegen soll auf die Unternehmenskulturtypologie von Ansoff nicht weiter eingegangen werden.

Level of Culture	Time Perspective	Slogan
Stable	Past	„Don´t rock the boat"
Reactive	Present	„Roll with the punches"
Anticipating	Familiar Future	„Plan ahead"
Exploring	Unfamiliar	„Be where the action is"
Creative	Novel Future	„Invent the future"

Abbildung 8: Unternehmenskulturtypologie nach Ansoff, Quelle: Rühli (1990), S. 192.

3.6.2.2 Zweidimensionale Typologie nach Deal und Kennedy

Deal und Kennedy entwerfen 1982 immerhin zwei Indikatoren, um die Unternehmenskultur zu typologisieren:

---

[226] Vgl. Lattmann (1990), S. 345. Vgl. zu weiteren Ausführungen zu ethno-kulturellen Determinanten der Unternehmenskultur Punkt 3.9 auf S. 66 f. dieser Arbeit.
[227] Vgl. Ansoff (1979).
[228] Vgl. Rühli (1990), S. 192, 193.

1.) die Risikonatur des Geschäftes, dem sich das Unternehmen widmet;

2.) die Geschwindigkeit des Feedbacks über den Erfolg der gewählten Unternehmensstrategie.[229]

Das Risiko wird in den Ausprägungsformen hoch und tief erfasst, die Geschwindigkeit in den Intensitätsstufen langsam und schnell. Aus der Kombination von Indikatoren und deren Ausprägung ergeben sich **vier Unternehmenskulturtypen**: „Process"-Kultur, „Work Hard/Play Hard"-Kultur, „Bet Your Company"-Kultur und „Tough Guy/Macho"-Kultur. Die **„Process"-Kultur** entwickeln Unternehmen mit niedrigem Geschäftsrisiko und langsamem Informationsrückfluss über den Erfolg der gewählten Strategie (bspw. Banken, Versicherungen). Im Vordergrund solcher Kulturen stehen starke Hierarchiebetonung und formalisierte Abläufe. Unternehmen mit einer **„Work hard/Play hard"-Kultur** agieren in einem risikoarmen Geschäftsbereich mit schnellem Feedback (bspw. Handelsunternehmen der Automobilindustrie). Die Unternehmensmitglieder tragen ein geringes Risiko und erfahren schnell, wie erfolgreich ihre Geschäftsstrategie ist. Bei Betrieben mit einer **„Bet your Company"-Kultur** steht ein hohes Geschäftsrisiko einem langsamen Feedback-Prozess gegenüber (bspw. Ölraffinerien, Flugzeugbau). Unternehmen mit **„Tough Guy/Macho"-Kultur** schließlich agieren ebenfalls in risikoreichem Umfeld, erhalten aber ein schnelles Feedback über den Strategieerfolg (bspw. Werbeagenturen, Filmindustrie). In ihnen finden sich besonders Individualisten mit großer persönlicher Risikobereitschaft.

---

[229] Vgl. Deal/Kennedy (1987).

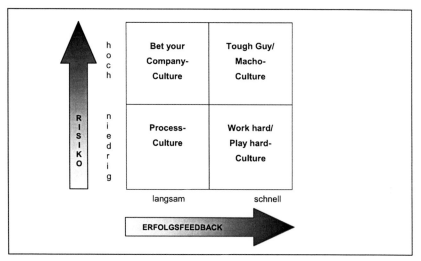

Abbildung 9: Unternehmenskulturtypologie nach Deal und Kennedy, Quelle: In Anlehnung an Rühli (1990), S. 194.

Der Vorteil dieser Typologie liegt in ihrer Einfachheit und Klarheit. Jede Unternehmenskultur lässt sich einem der vier Typen zuordnen. Deren Komplexität wird dabei jedoch auf ein Minimum reduziert und wenig ausdifferenziert. Ihre Auswirkungen auf Werte, Normen, Denkmuster und Verhaltensweisen der Mitarbeiter werden nur rudimentär mit einbezogen. Die Zweckmäßigkeit der gewählten zwei Dimensionen bleibt fraglich.[230]

3.6.2.3 Multidimensionale Typologie nach Rühli

Um der Komplexität der Unternehmenskultur gerecht zu werden, schlägt Rühli eine multidimensionale Typologie vor. Er stützt sie auf Praxiserfahrungen, die zeigen, dass eher undifferenzierte Ansätze besonders bei Unternehmensleitungen, die aufgrund solider Erkenntnisse eine aktive Kulturgestaltung anstreben, mit Skepsis

---

[230] Vgl. zum Modell von Deal und Kennedy auch Rühli (1990), S. 193.

aufgenommen werden.[231] Rühlis Dimensionen reflektieren die Auswirkungen der Unternehmenskultur im Betrieb. Auswirkungen, so Rühli, seien genauer zu ermitteln als Wertvorstellungen, da sie nicht der Möglichkeit der Verfälschung bei ihrer Erfassung unterlägen. Zudem seien sie Praktikern leichter zu vermitteln. Er entscheidet sich für die indirekte Erfassung der Unternehmenskultur durch Beobachtung statt der direkten durch Befragung.[232] Dazu wählt er **drei Teilbereiche** des betrieblichen Geschehens:

1.) *Die Führungstechnik:*

Zu ihr gehören die Beobachtungsdimensionen Organisation (Strukturphänomene), Führungsabläufe (Prozessphänomene) und Führungsinstrumente (Hilfsmittel, Methoden, etc.). Diese lassen sich bspw. in die Teildimensionen Organisationsstruktur, Organisationsprinzip, Zentralisation, Betonung der Hierarchie, Planung und Entscheidungsfindung, Durchsetzung, Kontrolle und informelle Machtzentren gliedern.

2.) *Die Menschenführung:*

Zu ihr werden die Wertung der Persönlichkeitsmerkmale von Vorgesetztem und Mitarbeiter, die Beziehung zwischen Vorgesetztem und Mitarbeiter und die Verankerung im sozialen Kontext gezählt. Diese lassen sich etwa in die Teildimensionen Loyalität und Disziplin, Identifikation mit dem Unternehmen, Kommunikations- und Problemlösungsverhalten, unkonventionelles Verhalten, Konfliktlösung und Leistungsdenken, Vertrauensverhältnis, Sachbezogenheit im Umgang und Führungsverhalten des Kaders unterteilen.

3.) *Das Geschäftsgebaren:*

Es umfasst die prägenden Merkmale der internen Problembearbeitung, die Grundausrichtungen bei der Geschäftstätigkeit und die Gestaltung der Außenbeziehungen. Diese lassen sich z.B. in Problemlösungsdenken, strategisches Denken, Innovationsverhalten, Handlungsorientierung, Grundorientierung, die

---

[231] Vgl. ders., S. 195.
[232] Vgl. ebd.

Risikoeinstellung, das Qualitäts- und Kostendenken, Investitionspolitik und die Außenbeziehungen trennen.[233]

Die Identifizierung der vorgestellten Dimensionen soll aufgrund von Plausibilitätsüberlegungen die Unternehmenskultur realitätsnah abbilden.

Die Dimensionen lassen sich laut Rühli dazu entweder aus der vorhandenen wissenschaftlichen Literatur oder der praktischen Erfahrung vorgeben. Oder die Indikatoren werden, dem Einzelfall entsprechend, situativ, also branchenspezifisch, firmenspezifisch und kontextspezifisch herausgearbeitet (z.B. durch eine Vorerhebung). Letzteres berücksichtigt die Einzigartigkeit jeder Unternehmenskultur. So lässt sich der Komplexität der Kultur und ihrer unternehmensspezifischen Ausprägung am ehesten gerecht werden. Von entscheidender Bedeutung ist dabei, dass beim Vergleich zweier Unternehmenskulturen *dieselben* Dimensionen verwendet werden, um die Vergleichbarkeit überhaupt erst zu ermöglichen.

Zur Darstellung wählt Rühli die ganzheitliche Form eines Rades. Dieses ist in die drei Teilbereiche des unternehmerischen Geschehens gegliedert, die wiederum in eine auszuwählende Anzahl von Beobachtungsdimensionen unterteilt sind. Auf diesen Speichen wird die Ausprägung jeder Dimension skaliert (hohe Ausprägung positiv, niedrige negativ). Anhand der Kreisdarstellung lassen sich dann Rückschlüsse auf Werthaltungen, Normen, Denkmuster ziehen.[234] Grundsätzlich müssen die extrem negativ ausgeprägten Teildimensionen optimiert werden. Dies kann entweder durch gezielte Einzelmaßnahmen geschehen oder übergreifend, indem die Änderung einer Werthaltung angestrebt wird, die mehrere Dimensionen bestimmt.[235]

Rühli verkennt nicht die diesbezügliche Notwendigkeit von Zuordnungsregeln zwischen Indikatorengruppen (und deren Intensitätsausprägungen) und Kulturtypen. Da es diese aber nicht in hinreichend umfassenden Untersuchungen über die In-

---

[233] Vgl. ders., S. 196-198, 206.
[234] Vgl. dazu Abbildung 10 auf S. 62 dieser Arbeit.
[235] Vgl. Rühli (1990), S. 198, 199.

terdependenz von Auswirkungsdimension und Werthaltungen gibt, verlässt sich Rühli auf Plausibilitätsüberlegungen.[236]

Der Verzicht auf eine Namensgebung verschiedener Unternehmenskulturtypen steht deren Identifizierung nicht im Weg.[237] Er besitzt Vor- und Nachteile. Einerseits unterstreicht die fehlende Benennung die grundsätzliche Offenheit des Modells für die Individualität jeder Unternehmenskultur. Andererseits schränkt sie deren Vergleichbarkeit und abstrahierende Beurteilung ein.

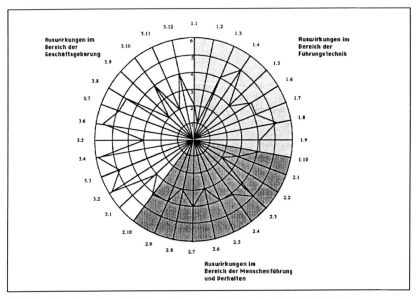

Abbildung 10: Unternehmenskulturtypologie nach Rühli, Quelle: Rühli (1990), S. 197.

[236] Vgl. ebd.
[237] Zur Namensgebung von Unternehmenskulturen zu deren Typologisierung vgl. etwa die Typologie von Heinen, der anhand von drei Dimensionen (Verankerungsgrad, Übereinstimmungsmaß und Systemvereinbarkeit) und zwei Dimensionsausprägungen 16 verschiedene Unternehmenskulturtypen unterscheidet und benennt: Heinen (1987), S. 26-33. Weitere vielzitierte Typologien liefern bspw. Handy (1978), Pümpin (1984) und Bleicher (1991)11. Auf sie soll hier nicht weiter eingegangen werden.

Die Wahl des Typologisierungsmodells hängt von den Präferenzen des Analysten ab. Grundsätzlich wird die multidimensionale Erfassung der Komplexität einer Unternehmenskultur eher gerecht. Sie erschwert das Unterfangen aber immens. Auch Rühli vereinfacht erheblich, wenn er schon in die Erfassung die subjektive Bewertung der Dimensionen (positiv/negativ) einbindet. Zudem stellt sich die Frage, ob ein so offenes Modell überhaupt überprüfbar ist. Eine abschließende Empfehlung kann hier nicht gegeben werden. Sie bleibt dem Einzelfall überlassen. Grundsätzlich sollte sich m.E. die Erfassung weder auf Befragung noch auf Beobachtung beschränken, sondern beide Chancen nutzen.

3.7 Funktionen der Unternehmenskultur

Die Stärke der Unternehmenskultur ist Voraussetzung für die Entfaltung ihrer Funktionen.[238] Dill unterscheidet originäre und derivative Funktionen. Originäre Funktionen gehen direkt aus der Unternehmenskultur hervor: aus dem Einfluss der gemeinsam geteilten Werte und Normen auf das interne Beziehungsgefüge des Unternehmens sowie auf Verhalten, Entscheidungen und Handeln der Unternehmensmitglieder. Derivative Funktionen resultieren indirekt aus den originären.[239] Sie sollen hier nicht weiter vertieft werden.[240] Originäre Funktionen der Unternehmenskultur sind **Koordination, Integration** und **Motivation**.[241]

Der Begriff der **Koordination** ist in Betriebswirtschaftslehre und Organisationstheorie umstritten; eine einheitliche Definition gibt es nicht. Nach Dill und Hügler soll Koordination hier i.S.d. kleinsten gemeinsamen Nenners als *„die Abstimmung von Teilen eines Ganzen im Hinblick auf das Erreichen übergeordneter Zielsetzungen"*[242] verstanden werden. Koordinationsbedarf entsteht in hierarchisch gegliederten Unternehmen durch Arbeitsteilung, Spezialisierung, unterschiedliche Ziele und Interessen der Unternehmensmitglieder sowie durch unvermeidbare Interdepen-

---

[238] Vgl. Dill/Hügler (1987), S. 146.
[239] Vgl. Dill (1986), S. 138 f.; vgl. Dill/Hügler (1987), S. 146, 147.
[240] Vgl. weiterführend Albert/Silverman (1984), S. 13 f.
[241] Vgl. Dill/Hügler (1987), S. 147; vgl. Kahle (1991), S. 29.
[242] Dill/Hügler (1987), S. 147.

denzen, die aus gemeinsamer Ressourcennutzung entstehen[243] – kurz: durch dieselben Faktoren, die zur Bildung von Subkulturen führen. Dort, wo die Koordinati-
onsfunktion der Struktur versagt – etwa in Form von Konformitäts- und Fusionswi-
derständen (z.b. Merger-Syndrom), Motivations- oder Kreativitätsdefiziten – greift
die Unternehmenskultur. Sie hilft als gemeinsamer Basiskonsens, diese strukturellen Koordinationsmängel zu überwinden.[244] *„Eine starke, systemkompatible und*
damit funktionale Unternehmenskultur sichert der Unternehmung einen tragfähigen
Basiskonsens und ein geteiltes Grundverständnis über fundamentale Fragen sowie
damit verbunden ein kommunikatives Verständigungspotential, auf deren Boden
auch in „schwierigen" Zeiten und/oder in sozialen Konfliktsituationen befriedigende
Formen der Zusammenarbeit sowie Lösungsmöglichkeiten zur Handhabung an-
stehender Gegenwartsprobleme gefunden werden können."[245] Der gemeinsame
Basiskonsens entlastet die Unternehmensmitglieder von Problemen der Handlungsorientierung, wodurch der Bedarf an formalen Regelungen zur Koordination
verringert wird. Eine starke Unternehmenskultur kann somit erheblich zur Beseiti-
gung potentieller Organisations-, Führungs- und Kontrollprobleme beitragen.[246]

Eine starke gemeinsame Unternehmenskultur wirkt zudem integrierend. Als Integration wird hier in Anlehnung an Dill und Hügler eine spezifische Form der Ver-
knüpfung von Elementen zum Ganzen eines Systems verstanden.[247] Im Gegensatz zur Koordininationsfunktion hilft die **Integrationsfunktion**, die Teilziele von
Teileinheiten des Unternehmens auf eine übergeordnete Zielsetzung auszurichten.
Dies wirkt der Tendenz der Teilziele entgegen, sich zu verselbständigen. *„Ein Sys-*
tem geteilter Werte und Normen heißt dann bei Konflikten zwischen Teilzielen eine
sachgerechte Zielordnung zu finden, weil vom Sinn der Teilziele für das Ganze und
nicht vom Buchstaben der Zielvorgabe ausgegangen wird."[248] Gemeinsam entwickelte und gelebte Normen und Werte als Kern der Unternehmenskultur schaffen

[243] Vgl. ebd.
[244] Vgl. dazu Chromy/Stork (1999), S. 132.
[245] Dill/Hügler (1987), S. 150, 151.
[246] Vgl. dies., S. 151.
[247] Vgl. dies., S. 152.
[248] Kahle (1991), S. 30.

ein Gefühl der Gemeinsamkeit und Zugehörigkeit. Dies wirkt Abteilungsegoismen, wachsendem Konkurrenzdenken und deren dysfunktionalen Effekten entgegen. Zudem werden Subkulturen durch die gemeinsame Unternehmenskultur in das Unternehmen integriert.[249]

Weitere Funktion einer starken Unternehmenskultur ist die **Motivation**. Sie liegt vor, *„wenn eine Person Anregungsbedingungen in einer spezifischen Situation so wahrnimmt, daß dadurch [zielgerichtetes, d. Verf.] Verhalten ausgelöst wird.*"[250] Wichtig ist hier besonders die Arbeitsmotivation, also jener Teil der Motivation einer Person, der zur Erfüllung ihrer Aufgaben und Pflichten innerhalb eines Unternehmens notwendig ist.[251] Unternehmenskultur kann die Arbeitsmotivation der Unternehmensmitglieder verstärken, indem sie ihnen einen Sinnzusammenhang des unternehmerischen Handelns vermittelt und damit zu Arbeitszufriedenheit und Bedürfnisbefriedigung beiträgt.[252] Ein solcher Sinnzusammenhang kann durch zunehmende Arbeitsteilung, Spezialisierung und Automatisierung unkenntlich werden. Unternehmenskultur als Basiskonsens kann zudem die Zusammenarbeit fördern, was wiederum zu gesteigerter Motivation führt.[253]

3.8 Regionalkultur und Unternehmenskultur

Eine Unternehmenskultur wird nicht nur durch die ihr immanenten Subkulturen beeinflusst. Sie steht auch in einem interdependenten Verhältnis zur Regionalkultur. Regionalkultur soll hier analog zur Unternehmenskultur als die Grundgesamtheit gemeinsamer Werte, Normen und Einstellungen der Anwohner einer Region verstanden werden, welche ihre Entscheidungen, Handlungen und ihr Verhalten prägen. Sie vermittelt regionale Identität, die sich in der Gemeinsamkeit der Werte und

---

[249] Vgl. Chromy/Stork (1999), S. 132, 133; vgl. Heinen (1987), S. 32; vgl. Weidermann (1984), S. 98.
[250] Dill/Hügler (1987), S. 154 in Anlehnung an Rosenstiel (1980), S. 103 f.
[251] Vgl. Dill/Hügler (1987), S. 154.
[252] Vgl. zum Zusammenhang von Arbeitsmotivation und Unternehmenskultur Albert/Silverman (1984), S. 13. Herzberg hat die „Zwei-Faktoren-Theorie" der individuellen Motivation entwickelt, die zwischen „Motivatoren" und „Hygienefaktoren" unterscheidet. Motivatoren sind wichtige Bestimmungsgründe für die Entstehung von Arbeitszufriedenheit. Hygienefaktoren helfen, Unzufriedenheit abzubauen oder zu vermeiden. Weiterführend Herzberg/Mausner/Snyderman (1959).

in deren Weitergabe ausdrückt. Regionen werden nach Vorauer verstanden als: *„Kleine Raumeinheiten, die hinsichtlich bestimmter Kriterien (kulturelle, ökonomische, lebensweltliche) ähnlicher sind als die Kombination von anderen Raumeinheiten."*[254]

Ähnlich der Subkulturen in einem Unternehmen können auch die Regionalkulturen in einem Land deutlich divergieren. Die Ausprägung von Regionalkulturen und ihr Einfluss auf Unternehmens- und Landeskultur ist längst nicht hinreichend erforscht und kann hier nur sehr verkürzt dargestellt werden.[255] Festzuhalten bleibt, dass eine Landeskultur keineswegs homogen, sondern durch die ihr immanenten divergierenden Regionalkulturen heterogen ist. Diese haben Einfluss auf die Unternehmenskultur.

3.9 Landeskultur und Unternehmenskultur

Eine Unternehmenskultur wird zudem beeinflusst durch die sie umgebende Landeskultur. Diese soll hier wiederum analog zur Unternehmenskultur als die Grundgesamtheit gemeinsamer Werte, Normen und Einstellungen der Bewohner eines Landes begriffen werden, welche ihre Entscheidungen, Handlungen und ihr Verhalten prägen. Sie vermittelt nationale Identität, die sich in der Gemeinsamkeit der Werte und in deren Weitergabe ausdrückt. Besonders vor dem Hintergrund internationaler Fusionen spielen die sich begegnenden Landeskulturen der verschmelzenden Unternehmen eine Rolle. Landeskulturelle Unterschiede können zu ungewollten Missverständnissen und Zielkonflikten führen. Auf diesen Aspekt wird an anderer Stelle genauer eingegangen.[256]

Seit den 1960er Jahren stehen sich in der Internationalen Managementlehre zwei Auffassungen diametral gegenüber: die der Universalisten und die der Kulturalisten. Erstere vertreten die Meinung, Managementtechniken seien universell, ubiqui-

---

[253] Vgl. Dill/Hügler (1987), S. 154-157.
[254] Vorauer (1997), S. 26.
[255] Vgl. weiterführend Weiss (1988), der anhand von Beispielen den Einfluss von regionalen Kulturen auf die Unternehmenstätigkeit darstellt.
[256] Vgl. Punkt 4.1 auf S. 71 ff. dieser Arbeit.

tär und damit kulturunabhängig gültig. So argumentieren Harbison und Myers: „*The logic of industrialization, however, leads to uniformity rather than diversity among both industrial organizations and organization builders.*"[257] Für Kulturalisten hingegen sind Managementtechniken stets kulturabhängig. Nahezu den gleichen Streit gibt es im Internationalen Marketing zwischen Vertretern der Kulturkonvergenz-These um Levitt und denen der Kulturdivergenz-These um Kotler. Erstere gehen davon aus, dass sich die Landeskulturen aufgrund von sich annähernden technischen und ökonomischen Bedingungen immer mehr angleichen. Letztere prognostizieren ein Fortbestehen landeskultureller Grenzen.[258] Abschließend bleibt festzustellen, dass die Vielzahl empirischer Studien weder den Zuschlag für den Kulturalismus noch für den Universalismus erbringen konnte.[259] M.E. ist derzeit aber noch von einem Unterschied in den Landeskulturen auszugehen.[260]

3.10 Kulturregion und Unternehmenskultur

Die empirischen Studien der vergleichenden Managementlehre – zu nennen wären etwa Hofstede, Trompenaars oder Hall - lassen den Schluss auf Unterschiede in verschiedenen Landeskulturen zu. Sie zeigen aber auch, dass es Länder gibt, die größere Ähnlichkeit untereinander aufweisen und sich kulturell näher stehen als andere. Diese lassen sich als Kulturregionen zusammenfassen. Hofstede ermittelt weltweit acht verschiedene Kulturregionen: germanische Länder, nordische Länder, anglo-amerikanische Länder, den Nahen Osten und geringer bzw. höher entwickelte romanische und asiatische Länder.[261] Hofstede steht damit zwischen Universalisten bzw. Kulturkonvergenz-Vertretern und Kulturalisten bzw. Kulturdivergenz-Vertretern: Zum einen konstastiert er eine Ähnlichkeit und relative Homogenität zwischen Ländern und gelangt somit zu Kulturregionen. Andererseits machen nicht nur Gemeinsamkeiten im Innenverhältnis, sondern auch die Unterschiedlich-

---

[257] Harbison/Myers (1959), S. 5. Sie lassen die Kultur ohnehin außen vor.
[258] Vgl. zu beiden Streitigkeiten mit weiteren Nachweisen Schmid (1996), S. 272.
[259] Vgl. dazu ders., S. 273 ff.
[260] Auf diese Unterschiede als Ergebnisse der kulturvergleichenden Managementforschung wird explizit unter Punkt 4.1 auf S. 71 ff. dieser Arbeit eingegangen.
[261] Vgl. Hofstede (1982), S. 211 ff.

keit von Kulturregionen untereinander deren Abgrenzung möglich. Zumindest geht Hofstede nicht von einer kulturellen Globalisierung, die in eine homogene Weltkultur mündet, aus. Dem wird hier zugestimmt.

3.11 Unternehmenskultur im kulturellen Geflecht

Dienen die hier gefundenen Erkenntnisse über Unternehmenskultur und ihr interdependentes Verhältnis zu anderen Kultursystemen als Ausgangsbasis, führt das zur Darstellung in Abbildung 11.

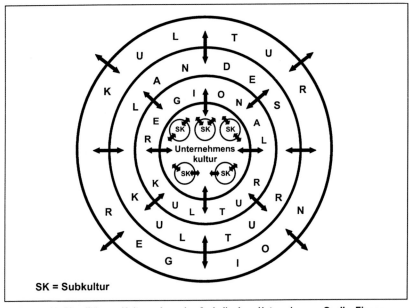

SK = Subkultur

Abbildung 11: Pluralität von Kulturen in und außerhalb eines Unternehmens, Quelle: Eigene Darstellung.

Regional-, Landeskultur und Kulturegion liegen wie die Schalen einer Zwiebel um den Kern Unternehmenskultur. Sie alle beeinflussen sich gegenseitig. Hinzu treten die unternehmensinternen Subkulturen, die die Unternehmenskultur beeinflussen

und von ihr beeinflusst werden. Das Ergebnis ist ein komplexes Geflecht von kon-
bzw. divergierenden Normen, Werten und Grundhaltungen, die ihren Ausdruck im
Verhalten, Handeln und in Artefakten der ihnen zugehörigen Individuen finden. Die
internationale Megafusion – über Regional- und Landesgrenzen hinweg und mit
einer Vielzahl von Subkulturen in jedem der beteiligten Großunternehmenen – von
Unternehmenskulturen ist somit ein äußerst komplexes und kompliziertes Unterfangen, das keinesfalls unterschätzt werden darf. Jede beteiligte Unternehmenskultur hat dabei zumindest zweierlei *unbedingt* zu leisten:

1.) Sie muss über jede kulturelle Barriere hinweg und jede berücksichtigend den
Kontakt zu der fremden Unternehmenskultur aufnehmen, langfristig halten und
(z.B. durch das Aufzeigen von Gemeinsamkeiten) festigen und mit ihr verschmelzen. In unterer Darstellung müsste dies durch drei zu identifizierende
vertraute und drei zu identifizierende fremde Kulturschichten geschehen.

2.) Sie muss die ihr immanenten Subkulturen und die des fremden Unternehmens
berücksichtigen und in den Fusionsprozess einbinden. Sonst zerfallen die Unternehmenskulturen, bevor sie miteinander verschmelzen können. Hinzu
kommt der Druck einer Krisensituation – denn das ist jede Fusion: eine Unter-
nehmenskrise.

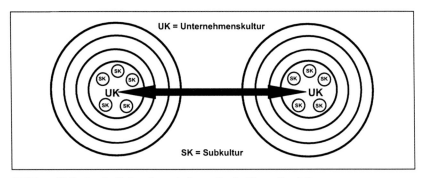

Abbildung 12: Fusion der Unternehmenskulturen, Quelle: Eigene Darstellung.

Die Fusion von nationalen mittelständischen Unternehmenskulturen ist schon ein schwieriges Unterfangen. Hier kann die Landeskultur – mit Ausnahme des Aufzeigens von Gemeinsamkeiten und der Verdeutlichung der eigenen kulturellen Wurzeln – vernachlässigt werden. Auch die Kulturregion ist kaum von Belang. Bei internationalen Megafusionen hingegen sind diese Kulturdimensionen mit zu berücksichtigen – insbesondere, wenn sie über kulturregionale Grenzen hinweg geschehen. Es ist deshalb äußerst wichtig, sich den landeskulturellen Unterschieden zu widmen, bevor man sich dem Umgang mit diesen (und damit der interkulturellen Kompetenz) zuwendet. Erst dann kann auf den Vorgang und die Typologien der Unternehmenskulturfusionen eingegangen werden. Diesen drei Schwerpunkten widmet sich das nächste Kapitel.

4. Bedeutung von Unternehmenskulturen bei internationalen Megafusionen

Um Bedeutung und Rolle von Unternehmenskulturen bei internationalen Megafusionen richtig einschätzen zu können, muss man sich der länderübergreifenden Tragweite der Verschmelzungen bewusst werden. Es ist deshalb äußerst wichtig, sich landeskulturellen Unterschieden und Gemeinsamkeiten zu widmen. Sie sind Gegenstand der kulturvergleichenden Managementforschung. Drei ihrer bedeutendsten Studien und deren Ergebnisse sollen im Folgenden dargelegt werden: die von Hofstede, Trompenaars und Hall. Dann erst kann dem Ruf nach Interkultureller Kompetenz, dem Vermitteln und Agieren zwischen divergierenden Landeskulturen, Gehör geschenkt werden. Schließlich werden die gewonnenen Erkenntnisse auf den Vorgang und die Typologien der Unternehmenskulturfusionen angewendet.

4.1 Vergleich von Landeskulturen

4.1.1 Kulturelle Dimensionen nach Hofstede

Die vielzitierte Arbeit Hofstedes ist die bisher umfassendste Studie der kulturvergleichenden Managementforschung und nimmt in ihr einen zentralen Platz ein.[262] Hofstede untersuchte unter Rückgriff auf die Datenbank seines Arbeitgebers IBM die Ergebnisse einer schriftlichen Befragung von 116.000 IBM-Mitarbeitern aus über 40 Ländern in den Jahren 1968 und 1972.[263] Sein Ziel war es, Dimensionen von Kultur herauszuarbeiten, anhand derer Unterschiede und Gemeinsamkeiten zwischen Ländern festgestellt werden können. Kultur definierte er als *„the collective mental programming of the people in an environment"*[264]. Dabei hatte er von Anfang an den Einfluss der Landeskultur auf Organisationen im Auge.[265] Auf der

---

[262] Vgl. Schmid (1996), S. 255.
[263] Die Angaben Hofstedes zu Länderanzahl und Erhebungszeitraum variieren: so spricht er mancherorts von 50 oder gar 60 unteruchten Ländern, andernorts von einem Erhebungszeitraum von 1966-1969 und 1971-1973. Vgl. weiterführend Schmid (1996), S. 256.
[264] Hofstede (1980), S. 43.
[265] Vgl. Schmid (1996), S. 255.

Basis von Korrelations- und Faktorenanalysen[266] entwickelte Hofstede bis 1982 vier Dimensionen, die sich auf Kulturunterschiede begründen: **Machtdistanz, Unsicherheitsvermeidung, Individualismus/Kollektivismus, Maskulinität/Feminität.** Diese werden nun kurz vorgestellt.

- **Machtdistanz**: Hofstede definiert sie als das Ausmaß, bis zu welchem die Mitglieder einer Gesellschaft erwarten und akzeptieren, dass Macht ungleich verteilt ist. Danach bedeutet hohe Machtdistanz eine starke Akzeptanz der Ungleichverteilung von Macht in der Gesellschaft.[267] Diese Definition zeigt, dass es richtiger wäre, von der Machtunterschiedstoleranz zu sprechen.[268] Als Länder mit solch hoher Machtunterschiedstoleranz gelten überwiegend mittel- und südamerikanische Länder; niedrig ist sie bei skandinavischen Ländern. Deutschland liegt im unteren Drittel.[269]

- **Unsicherheitsvermeidung**: Diese Dimension meint den Grad, in dem sich Mitglieder einer Gesellschaft durch unbekannte oder ungewisse Situationen bedroht fühlen.[270] Mitgliedern einer Gesellschaft mit schwacher Unsicherheitsvermeidung konstatiert Hofstede: *„People in such societies will tend to accept each day as it comes. They will take risks rather easily. They will not work as hard. They will be relatively tolerant of behavior and opinions different from their own because they do not feel threatened by them."*[271] Solche Länder sind nach Hofstede Dänemark, Jamaica und Singapur. Starke Unsicherheitsvermeidung hingegen findet sich in Griechenland und Portugal. Deutschland und Österreich rangieren im Mittelfeld.[272]

- **Individualismus/Kollektivismus**: Als individualistisch bezeichnet Hofstede Gesellschaften, in denen die Bindungen zwischen den Individuen locker sind und jeder sich um sich selbst kümmert. Kollektivistisch sind Gesellschaften, in

---

[266] Vgl. dazu Hofstede (1982), S. 52-57, 60-62.
[267] Vgl. ders. (1980), S. 45.
[268] So auch Wolf (1994), S. 490 und Schmid (1996), S. 257.
[269] Tabellarisch aufgelistet findet sich die Machtunterschiedstoleranz jedes untersuchten Landes bei Hofstede (1993), S. 40.
[270] Vgl. ders. (1980), S. 45.
[271] Ders. (1983), S. 81.

denen das Individdum von Geburt an in starke, geschlossene Gruppen integriert ist, die es sein Leben lang schützen und dafür bedingungslose Loyalität
erwarten.[273] Besonders individualistisch sind nach Hofstede die USA, Austra-
lien, Großbritannien und Kanada. Deutschland rangiert im oberen Drittel. Ausgeprägt kollektivistisch sind mittel- und südamerikanische Länder.[274]

- **Maskulinität/Feminität**: In maskulinen Gesellschaften existiert nach Hofstede
  eine klare Trennung der Geschlechterrollen. Männer müssen materiell orientiert, hart und entschieden sein, Frauen immateriell orientiert, bescheiden und
  sensibel. In femininen Gesellschaften hingegen überschneiden sich die Rollen
  der Geschlechter; feminine Werte werden zudem genauso geschätzt wie maskuline.[275] Maskuline Länder sind nach Hofstede vor allem Japan, Österreich
  und die Schweiz, ausgesprochen feminine besonders die skandinavischen
  Länder. Deutschland gehört zu den gemildert maskulinen Ländern.[276]

Hofstede untersucht auch die Konsequenzen der vier Landeskulturdimensionen für
das Management. So kann sich starke Unsicherheitsvermeidung bspw. darin äu-
ßern, dass Unternehmen Prozesse und Strukturen formalisieren und standardisie-
ren. Präzise Entscheidungen werden bevorzugt, heterogene Strukturen vermieden
und Konflikten wird mit Konformitätsdruck begegnet. Dadurch kann u.U. die Inno-
vationsbereitschaft gehemmt werden.[277] An diesen Schlussfolgerungen Hofstedes
wird kritisiert, dass sie auf reinem Plausibilätsdenken beruhen.[278] Ein solches
Plausibilitätsdenken scheint durch das Ziel, zu Handlungsempfehlungen für das
Management zu gelangen, aber durchaus angemessen.[279] Ein berechtigter Einwand liegt m.E. in der Gleichsetzung von Land und Kultur. Dabei vernachlässigt
Hofstede, dass Landeskulturen keineswegs stets homogen sind, sondern stark

---

[272] Vgl. die tabellarisch aufgelisteten Ergebnisse bei ders. (1993), S. 133.
[273] Vgl. ders. (1980), S. 45, 46.
[274] Vgl. genauer ders. (1993), S. 69.
[275] Vgl. ders. (1980), S. 46, 47.
[276] Vgl. zu jedem untersuchten Land ders. (1993), S. 103.
[277] Vgl. ders., S. 156.
[278] Vgl. etwa Schmid (1996), S. 259.
[279] Vgl. hierzu auch die Ausführungen zur Unternehmenskulturtypologie von Rühli unter Punkt
3.6.2.3 auf S. 59 ff. dieser Arbeit.

ausgeprägte Regionalkulturen existieren.[280] Desweiteren wird kritisiert, dass die von Hofstede untersuchten Fragebögen ausschließlich von IBM-Mitarbeitern beantwortet wurden. Gerade die Unternehmenskultur von IBM sei stark und spezifisch ausgeprägt.[281] Hofstede selbst entkräftete diese Kritik durch die Befragung von Teilnehmern internationaler Managementseminare unterschiedlichster Unternehmen, die seine Ergebnisse bestätigten.[282]

Besonders bemängelt wird, dass das Untersuchungsdesign Hofstedes auf westlichen Standards basiert und seine Fragen für andere Kulturen eine geringe oder zumindest andere Relevanz besitzen. Hofstede begegnete diesem Vorwurf durch eine Folgeuntersuchung zu Beginn der 1990er Jahre, die auch fernöstliche kulturelle Aspekte berücksichtigte. Der Fragebogen wurde unter maßgeblicher Mitwirkung asiatischer Forscher erstellt und enthielt nun eine fünfte Dimension, die Langzeitorientierung (auch als „Konfuzianische Dynamik" bezeichnet): Sie betrifft die lang- oder kurzfristige Orientierung im Leben eines Menschen. Befragt wurden jeweils 100 Studenten aus 22 Ländern. Damit wurde auch der Vorwurf der IBM-Lastigkeit entkräftet. Als Ergebnis wurden die Dimensionen Machtdistanz, Individualismus/Kollektivismus, Maskulinität/Feminität und die neue Dimension der Langzeitorientierung bestätigt; einzig die Unsicherheitsvermeidung konnte nicht ausgemacht werden. Somit sah Hofstede seine Ergebnisse in weiten Teilen als erwiesen an.[283] Abschließend lässt sich festhalten, dass Hofstede einen Meilenstein der interkulturellen Managementforschung gelegt hat. Seine Ergebnisse verdienen Beachtung und müssen auch vor dem Hintergrund internationaler Fusionen berücksichtigt werden.

4.1.2 Kulturelle Dimensionen nach Trompenaars

Trompenaars veröffentlichte 1993 eine Studie über Unterschiede und Gemeinsamkeiten von Landeskulturen, die explizit die Relevanz der Kultur für das Manage-

---

[280] So auch Jaeger (1986), S. 180.
[281] Vgl. etwa Goodstein (1981), S. 51.
[282] Vgl. Hofstede (1980), S. 44.

ment zum Gegenstand hatte. In den 1980er und frühen 1990er Jahren befragte er schriftlich 15.000 Manager aus 47 Ländern, die bei ihm Kurse in interkulturellem Training besuchten. Sie entstammten – anders als die Erhebungseinheiten Hofstedes – verschiedenen Unternehmen.[284] Trompenaars definierte Kultur wie folgt: *„Culture is not what is visible on the surface. It is the shared ways groups of people understand and interpret the world."*[285] Er unterteilt Kultur in sieben von ihm entwickelte Dimensionen:

1.) **Universalismus/Partikularismus:** Universalisten legen großen Wert auf die Einhaltung von Regeln und stellen diese über menschliche Beziehungen. Partikularisten hingegen bewerten die spezifischen Umstände oder persönlichen Hintergründe bei Entscheidungen aller Art höher als generelle Regeln. Als universalistisch gelten nach Trompenaars die USA, Deutschland, Österreich und die Schweiz; partikularistisch sind besonders Russland, Venezuela und Südkorea.[286]

2.) **Individualismus/Kollektivismus:** Diese Dimension ähnelt stark der gleichnamigen Hofstedes. Trompenaars unterstreicht jedoch, dass sie nicht dichotom ist, sondern vielmehr individualistische und kollektivistische Tendenzen gleichzeitig in einem Land auftreten können. Individualistisch sind besonders die USA und Tschechien, kollektivistisch Japan, Thailand und Singapur.[287]

3.) **Affektivität/Neutralität:** Diese Dimension reflektiert die Bedeutung von Gefühlen und Beziehungen. In affektiven Kulturen werden Emotionen im Geschäftsleben nicht unterdrückt, unmittelbare Impulse spielen eine Rolle. In neutralen Kulturen dagegen stehen Instrumentalität und Rationalität von Handlungen und diszipliniertes Verhalten im Vordergrund. Affektiv sind besonders Mexiko und die Niederlande, neutral Japan und Großbritannien.[288]

---

[283] Vgl. hierzu ders. (1993), 185 ff. Deutschland nimmt hinsichtlich der Langzeitorientierung einen mittleren Platz ein; vgl. ders., S. 191.
[284] Vgl. Trompenaars (1993), S. 1.
[285] Ders., S. 3.
[286] Vgl. ders., S. 29-46.
[287] Vgl. ders., S. 47-63.
[288] Vgl. ders., S. 63-72.

4.) Diffusität/Spezifität: In diffusen Kulturen lassen sich die Lebensbereiche eines Individuums nicht voneinander trennen. In spezifischen Kulturen hingegen sind Lebensbereiche wie Arbeit oder Familie klarer voneinander abzugrenzen. Diffuse Kulturen weisen nach Trompenaars etwa Venezuela, Indonesien und Chile auf, spezifische die USA und Deutschland.[289]

5.) Zugeschriebener/erreichter Status: Diese Dimension beschreibt, ob gesellschaftlicher Status einem Individuum – durch Religion, Herkunft oder Alter – zugeschrieben wird, oder ob er durch die eigene Leistung des Individuums erreicht wird. Länder, die den Status zuschreiben sind besonders südamerikanische und asiatische Länder, aber auch Spanien und Italien. Erreicht werden muss er hingegen besonders in den USA.[290]

6.) Sequentielles/synchrones Zeitverständnis: In Kulturen mit sequentiellem Zeitverständnis herrscht die Auffassung, dass Vergangenheit, Gegenwart und Zukunft linear nacheinander folgen. Bei Kulturen mit synchronem Zeitverständnis wird vor allem die Interdependenz der Zeitabschnitte betrachtet – sie verschwimmen ineinander. Sie gehen von einem zirkulären Verhalten der Zeit aus. Sequentiell orientiert ist besonders Russland, Malaysia hingegen ist synchron orientiert.[291]

7.) Kontrolle über/Unterwerfung unter Natur: Diese Dimension beschreibt die Beziehung des Menschen zur Natur. Danach werden Kulturen unterschieden, die nach Kontrolle über die Natur streben, und solche, die sich ihr unterwerfen. Zu ersteren zählen die USA und die Schweiz, zu letzteren China, Ägypten und die Türkei.[292]

Trompenaars Ziel ist wie das Hofstedes die Erarbeitung von Dimensionen, die kulturelle Unterschiede und Gemeinsamkeiten zwischen Ländern abbilden. Trompenaars jedoch betont explizit die Zusammenhänge zwischen Kultur und Management. Ein kausales Verhältnis der beiden zueinander kann er nur bedingt aufzeigen. So lassen sich grundlegende Fragen nach einer Verzerrung der Ergebnisse

---

[289] Vgl. ders., S. 73-91.
[290] Vgl. ders., S. 92-106.
[291] Vgl. ders., S. 107-124.
[292] Vgl. ders., S. 125-137.

durch die Auswahl der Befragten (ausschließlich Kursteilnehmer interkultureller Trainings) bzw. dem westlich eingefärbten Blick Trompenaars stellen. Methodische Einwände betreffen die Wahl und Operationalisierung der sieben Dimensionen von Landeskultur und die Frage nach der Interpretation der Ergebnisse. Trompenaars an das interkulturelle Management gerichtete Ratschläge zum Auftreten in anderen Ländern beruhten lediglich auf Plausibilitätsüberlegungen, wirft ihm etwa Schmid vor.[293] Ein Einwand, der genauso Hofstede und an anderer Stelle auch Rühli gegenüber erhoben werden kann, der aber m.E. hinreichend vernachlässigbar ist.[294] Hat Trompenaars Studie nicht so fundamentale Erkenntnisse wie Hofstedes erbracht, ist sie doch eine gelungene Ergänzung und weiteres Indiz für die Unterschiedlichkeit von Landeskulturen[295] und ein Schritt zu deren Verankerung in Unternehmenskulturen.[296]

4.1.3 Kulturelle Dimensionen nach Hall

Der Kulturanthropologe Hall setzt Kultur mit Kommunikation gleich. Er schöpft seine Erkenntnisse aus Erfahrungen bei Auswahl und Training amerikanischer Regierungsangestellter und Geschäftsleute für Auslandseinsätze. Zudem verweist er auf Feldstudien mit Hispano-Amerikanern in Neu Mexiko und Lateinamerika, Navajo-, Hopi- und Trukese-Indianern, Arabern und Iranern.[297] Demnach muss Kultur – wie Kommunikation – dekodiert werden, um sie zu verstehen. Es gibt nicht eine Kultur, sondern immer nur eine Vielzahl von Kulturen. Sie bilden ein System zum Kreieren, Senden, Aufbewahren und Verarbeiten von Information.[298] Information wird nicht nur verbal durch Worte vermittelt, sondern auch durch Gesten und Verhalten. Hall stellt dabei in Anlehnung an Freud auf das Unbewusste ab, „the cultural unconscious",[299] dass außerhalb der bewussten Wahrnehmung funktioniert und im

---

[293] Vgl. Schmid (1996), S. 269.
[294] Vgl. dazu Punkt 3.6.2.3 auf S. 59 f. dieser Arbeit.
[295] Vgl. dazu Schmid (1996), S. 268-271.
[296] Vgl. weiterführend Trompenaars (1993), S. 138-163.
[297] Vgl. Hall (1990), S. VIII, IX, XII.
[298] Vgl. Hall/Hall (1990), S. 183.
[299] Hall (1990), S. VIII.

Nebeneinander mit bewusst gewählten Worten. Während eine Person mit Worten das Eine ausdrückt, kann sie durch Gesten etwas vollkommen Anderes kommunizieren, unabhängig davon, ob sie das beabsichtigt oder nicht. Zwischen Sprache und Gesten besteht ein interdependentes und gleichrangiges Verhältnis der Ersetzbarkeit.[300]

Hall unterscheidet **drei kulturelle Ebenen**: die **formelle**, die **formlose** und die **technische**. Die **formelle Ebene** ist stark traditionsgebunden und vergangenheitsorientiert. Sie lässt stets nur ein gesellschaftlich akzeptables Verhalten zu und wird nicht hinterfragt. Formelles Lernen ist emotionsgebunden und erfolgt durch Fehler, die verbal korrigiert werden.[301] Die **formlose Ebene** besteht aus erlernten Verhaltensmustern, die so stark verinnerlicht wurden, dass sie automatisch und unbewusst ablaufen. Informelles Lernen geschieht durch die Beobachtung anderer Menschen – deren Verhalten wird abgeschaut und nachgemacht.[302] Die **technische Ebene** wird – anders als die formelle und die formlose – vollkommen bewusst wahrgenommen. Sie ist das Ergebnis von logischen Analysen, die klare Verhaltensvorgaben erbringen. Sie kann niedergeschrieben und sogar über Distanz gelehrt werden.[303] Alle Ebenen sind in jeder Situation vorhanden, aber eine dominiert die anderen beiden situationsspezifisch.

Es sei wichtig, so Hall, Personen für Auslandseinsätze nach ihrer Eignung auszuwählen, ihnen die Sprache und Schrift des Landes beizubringen und sie gründlich und umfassend über die Landeskultur zu unterrichten. Neben Sprache und Schrift müsse aber ebenso die nonverbale Sprache eines Landes erlernt werden. *„Most Americans are only dimly aware of this „silent language" even though they use it every day. They are not conscious of the elaborate patterning of behaviour which prescribes the handling of time, spatial relationships, attitudes towards work, play,*

---

[300] Vgl. ebd.
[301] Vgl. ders., 67, 68, 71.
[302] Vgl. ders., S. 68, 69, 72.
[303] Vgl. ders., S. 69, 70, 72, 73.

and learning. In addition to our verbal language, we are constantly communicating our real feelings in the language of behavior.[304]

Hall unterscheidet **fünf kulturelle Dimensionen**, die helfen, sich in einer anderen Landeskultur zurecht zu finden, indem sie die ihr zu Grunde liegende Struktur offenbaren: **Zeit, Kontext, Raum, Informationsfluss** und **Interfacing**.

1.) Zeit: Hall unterscheidet zwischen Gesellschaften mit monochroner und polychroner Zeit. In monochronen Kulturen wie Deutschland ist das Zeitverständnis Ergebnis der Industriellen Revolution. Sie sind stark an Zeitplänen orientiert, führen nur eine Aktivität zur Zeit durch und weisen einen elaborierten Verhaltenscode auf, der durch die Bereitschaft, Verpflichtungen und Verabredungen einzuhalten, bestimmt ist. Polychrone Kulturen sind das genaue Gegenteil: persönliche Beziehungen und Interaktionen nehmen einen höheren Wert ein als Zeitpläne und Verabredungen. Eine Vielzahl von Aktivitäten werden gleichzeitig durchgeführt, Unterbrechungen sind häufig. Diese grundverschiedenen Einstellungen im Umgang mit Zeit betreffen alle Aspekte geschäftlicher und gesellschaftlicher Aktivitäten. Zudem zeigen sie die zeitliche Grundorientierung einer Kultur: vergangenheits-, gegenwartsoder zukunftsorientiert. Dies betrifft die Geschäftsorganisation, die Festhaltung an Plänen und Zeitvorgaben, die Wichtigkeit und Akzeptanz dieser.[305]

2.) Kontext: Hall unterscheidet nach dem Wissenstand über einen Diskussionsgegenstand „High Context"- und „Low Context"-Kommunikation. Bei Low Context-Kommunikation weiß der Zuhörer nur sehr wenig; ihm muss praktisch alles erklärt werden. Bei High Context-Kommunikation ist der Zuhörer vorab schon sehr informiert („contexted") und benötigt kaum Hintergrundinformation von seinem Gegenüber. Hall unterscheidet nach Informationsstand zudem High Context- und Low Context-Menschen: High Context-Menschen sind umfassend informiert und benötigen nur ein Minimum an Hintergrundinformationen. Sie unterhalten ausgedehnte Informationsnetzwerke, um sicherzugehen, mit den neuesten Entwicklungen Schritt zu halten. Sie sind an eine Vielzahl von Unterbrechungen gewöhnt und

---

[304] Ders., S. IX.
[305] Vgl. Hall/Hall (1990), S. 179, 184.

können nicht immer am Zeitplan festhalten. Low Context-Menschen hingegen sind außerhalb ihres Spezialgebietes schlecht informiert. Sie brauchen viel Hintergrundinformation, bevor sie eine Entscheidung treffen. Wenn ihre Empfangskanäle von einer Informationsflut überfüllt werden, erleiden sie einen „information overload". Dieser unterbricht ihre Handlung und ihre Zielverfolgung. Hall führt als extremes Beispiel für High Context Zwillinge an, die einen Großteil ihres Lebens miteinander verbracht haben. Sie agieren auf einem sehr viel höheren Kontextgrad als z.b. Angehörige verschiedener Kulturen, die sich zum ersten Mal treffen (Low Context).[306]

3.) **Raum:** Der Umgang mit Raum, die räumliche Organisation ist für Hall genauso elementar für eine Landeskultur wie der mit Zeit. So spricht Hall den Deutschen ein stark ausgeprägtes Territorialverhalten zu: Sie verbarrikadieren sich hinter schweren, stets zu schließenden Türen und schalldichten Mauern, um sich von anderen zu isolieren und so besser auf ihre Arbeit konzentrieren zu können. Die Franzosen hingegen sind längst nicht so territorial. Sie sind abhängig von anderen und angewiesen auf konstante Interaktion und permanenten Informationsfluss, um den informellen Kontext zu erhalten, den sie benötigen.[307]

4.) **Informationsfluss:** Auch nach dem Grad des Informationsflusses unterscheidet Hall polychrone und monochrone Gesellschaften. In Frankreich als polychronem Land fließt Information frei und sehr schnell innerhalb einer homogenen Gruppe. Zwischen den einzelnen Gruppen ist der Informationsfluss aber stark eingeschränkt. In Deutschland als monchroner Gesellschaft fließt die Information langsam, verzögert durch streng hierarchische Kompetenzverteilung.[308]

5.) **Interfacing:** Diesen Begriff entleiht Hall der Terminologie der Computertechnologie. Um verschiedene Systeme miteinander zu verbinden, muss ein Interface entwickelt werden, das Botschaften von einem System in ein anderes übersetzt und beide miteinander kompatibel macht. Dieses Bild überträgt Hall auf das Verbinden kultureller Systeme. Um etwa so gegensätzliche Syteme wie monochrone und polychrone Zeit miteinander zu verbinden, bedarf es eines hohen Maßes per-

---

[306] Vgl. dies., S. 180, 183, 184.
[307] Vgl. dies., S. 180.

sönlicher Anstrengung und Bemühung, bevor sich der erste Erfolg einstellt.[309] Hall entwickelt fünf Basisprinzipien, denen kulturelles Interfacing folgt:

„1.) The higher the context of either the culture of [sic! gemeint ist „or", d. Verf.] the industry, the more difficult the interface;

2.) The greater the complexity of the elements, the more difficult the interface;

3.) The greater the cultural distance, the more difficult the interface;

4.) The greater the number of levels in the system, the more difficult the interface,

5.) Very simple, low-context, highly evolved, mechanical systems tend to produce fewer interface problems than multiple-level systems of great complexity that depend on human talent for their success."[310]

Hall leitet seine Erkenntnisse eher aus persönlichen Erfahrungen und denen seiner Schüler im Umgang mit fremden Kulturen her, denn aus empirischen Studien. Er abstrahiert Praxiserfahrungen, um zu allgemeingültigen Aussagen über die Unterschiede und Gemeinsamkeiten von Landeskulturen zu gelangen. Dabei geht er über weite Strecken deskriptiv vor, belegt seine Erkenntnisse mit Beispielen. Verhalten ist für ihn eine Form nonverbaler Kommunikation, Kultur offenbart ihr Wesen in Interaktionen. Dabei kann eine Vielzahl von ungewollten Missverständnissen und Konflikten zwischen Mitgliedern verschiedener Landeskulturen durch Fehlinterpretation kulturgeprägter verbaler und nonverbaler Kommunikation entstehen.[311]

Vor dem Hintergrund dieser Arbeit erscheint besonders das kulturelle Interfacing interessant, das Verbinden von zwei verschiedenen Landeskulturen. Hall stellt hier eine Verbindung zur Interkulturellen Kompetenz her, der Fähigkeit zum Agieren und Vermitteln in fremden Kulturen und damit der Basis des kulturellen Interfacing. Eben diese ist notwendig, will man zwischen der Vielzahl landeskultureller Unterschiede, die die drei vorgestellten Studien aufzeigen, kompetent agieren. Auf sie wird nun eingegangen.

---

[308] Vgl. dies., S. 180, 181.
[309] Vgl. dies., S. 184.
[310] Dies., S. 181.

4.2 Interkulturelle Kompetenz

Parallel zu der vor allem durch Levitt angestoßenen Globalisierungsdebatte[312] rückte das Forschungsfeld „Kultur" Anfang der 1980er Jahre zunehmend in den Fokus der Betriebswirtschaftslehre. Die schon besprochene Arbeit Hofstedes schuf den Nährboden für ein neues Forschungsfeld: das interkulturelle Management. In seinem Fahrwasser kam der Ruf nach „interkultureller Kompetenz" auf. Müller und Gelbrich zufolge stellt dieser derzeit noch eine betriebswirtschaftliche Randerscheinung dar, der sich v.a. Personalwirtschaftler und Psychologen widmen.[313] Müller und Gelbrich definieren interkulturelle Kompetenz wie folgt:

„Ausgehend von den [sic!] primär von Psychologen, Anthropologen, Sozial- und Kommunikationswissenschaftlern erreichten Forschungsstand lässt sich dieses Konstrukt ganz allgemein als die Fähigkeit bezeichnen, mit Angehörigen anderer Kulturen effektiv und angemessen zu interagieren. Demnach werden Entsandte daran gemessen, inwieweit es ihnen gelingt,

- *einerseits die eigenen Ziele sowie die ihrer Firma zu erreichen (= Effektivität),*
- *andererseits aber auch die Ziele des Partners zu achten sowie sozio-kulturelle Regeln und Normen zu befolgen, die in dessen Augen wichtig sind (= Angemessenheit)."[314]*

Diese Definition dient als Grundlage der folgenden Ausführungen. Sie muss aber der hier behandelten Thematik entsprechend modifiziert werden, um operationabel zu sein. Hier stehen nicht Entsandte – wie etwa beim Aufbau von Handelsbeziehungen und Niederlassungen in einem anderen Land – zur Debatte, sondern die Mitarbeiter miteinander fusionierender Unternehmen. Sie sollen vor allem das konkrete Ziel der langfristig erfolgreichen internationalen Fusion verfolgen. Dabei müssen sie eigene Interessen ebenso wie auch die der Fusionspartner achten, deren Kultur respektieren, die ihr immanenten Normen und Regeln kennen und im Um-

---

[311] Einen fundierten Überblick über die Unterschiede zwischen Unternehmenskulturen und Führungsstilen in Deutschland und den USA gibt bspw. Schroll-Machl (2001), S. 136 ff.
[312] Vgl. Levitt (1983).
[313] Vgl. Müller/Gelbrich (2001), S. 247.
[314] Ebd.

gang miteinander beherzigen. Effektivität und Angemessenheit bilden auch bei der hier zu betrachtenden Interaktion mit anderen Kulturen den Kern interkultureller Kompetenz. Sie erhalten nur eine neue Konotation.

4.2.1 Entwicklung des Forschungsfeldes

Die ersten empirischen Arbeiten, die das Forschungsfeld der Interkulturellen Kompetenz aufschlossen versuchten, Eigenschaften und Fähigkeiten interkulturell kompetenter Menschen aufzudecken und zu beschreiben. 1955 analysierte Lysgaard die Charakteristika norwegischer Austauschstudenten in den USA.[315] Seinem Beispiel folgten Untersuchungen verschiedener Berufsgruppen von amerikanischen Sozialwissenschaftlern. Sie gingen zusammen als **„Overseasmanship"-Ansatz** in die Wissenschaftsgeschichte ein. Ihr Fokus galt Problemen, die beim Arbeiten im Ausland auftreten. Die Arbeiten lieferten erste empirische Hinweise auf eine Beziehung zwischen den Eigenschaften und Fähigkeiten einer Person (z.B. Einfühlungsvermögen) und deren Anpassung an andere Kulturen. Sie führten jedoch auch zu der Erkenntnis, dass andere Faktoren, wie technische Fertigkeiten oder die Lebensbedingungen der Person im Ausland ebenfalls bedeutsam sind. Größter Schwachpunkt des „Overseasmanship"-Ansatzes war sein explorativer Charakter: Die Eigenschaften und Fähigkeiten wurden ex post erforscht und ohne ein ex ante formuliertes Modell des Auslandserfolgs.[316]

Hall ersetzte 1959 Eigenschaften und Fähigkeiten durch Kommunikation. Er sah im Wissen um die Verhaltensursachen des Gegenübers die zentrale Bedingung interkultureller Kompetenz. Kultur setzte er mit Kommunikation gleich. Halls Arbeit sowie die von Brein und David aus dem Jahr 1971 sind die populärsten Vertreter dieses kommunikationswissenschaftlichen Ansatzes, der unter dem Begriff **„Interkultureller Kommunikator"** zusammengefasst wird.[317]

---

[315] Vgl. Lysgaard (1955).
[316] Vgl. Müller/Gelbrich (2001), S. 247f.
[317] Vgl. dies., 250, 251.

Triandis begründete 1972 den „**Attributionstheoretischen Ansatz**".[318] Er ignorierte - wie auch der Overseasmanship-Ansatz – die Frage nach dem Erwerben interkultureller Kompetenz. Anders gesagt: Entweder jemand besitzt die Persönlichkeitseigenschaft interkulturelle Kompetenz oder nicht. Die Möglichkeit, sie zu erlernen, bleibt außen vor. Eine Person sucht für das ungewohnte Verhalten eines Menschen aus einer anderen Kultur nach Ursachen dieses Verhaltens, um es begreifen zu können. Attributiert sie als Grund die kulturspezifische Sozialisation des Gegenübers (sog. isomorphe Attribution), dann kann sie dessen Verhalten treffend beurteilen, möglicherweise vorhersagen und mit ihm effektiv interagieren. Attributiert die Person aber ungewohnte, subjektiv als störend empfundene Verhaltensweisen als Persönlichkeit des Gegenübers (sog. „Personen-Attribution"), dann führen sie zu Konflikten.[319] Im Falle einer internationalen Fusion wären dem Attributionstheoretischen Ansatz zufolge nur die Mitarbeiter in der Lage, effektiv mit den neuen Fusionspartnern zu interagieren, die die Eigenschaft der interkulturellen Kompetenz – praktisch von Geburt an – besäßen. Allen anderen könnte sie nicht antrainiert werden.

Anders sehen dies die Vertreter des „**Lerntheoretischen Ansatzes**", der 1972 von David begründet wurde.[320] Im Zentrum ihrer Arbeit stand der Erwerb und damit die Veränderbarkeit Interkultureller Kompetenz. Sie wird als Status, nicht als Eigenschaft aufgefasst. Anders gesagt: Jemand erlernt interkulturelle Kompetenz. Sie ist fließend und entsteht in einem ständigen Lernprozess. Dieser kann schon vor der Konfrontation mit der fremden Kultur – z.B. durch Training – einsetzen, oder aber während des Aufenthaltes in der fremden Kultur durch das Sammeln von Erfahrungen und die Imitation angemessener Verhaltensweisen. „*Erfahrungen spielen folglich die zentrale Rolle für die Ausbildung interkultureller Kompetenz: Sie „formen" eine Person und sorgen für ihre Anpassung an die neue Umgebung (und nicht a priori vorhandene Fähigkeiten).*"[321] Bei einer internationalen Fusion bedeu-

---

[318] Vgl. Triandis (1972).
[319] Vgl. Müller/Gelbrich (2001), S. 250.
[320] Vgl. David (1972).
[321] Müller/Gelbrich (2001), S. 250.

tet dies für die Personalentwicklung, dass interkulturelle Kompetenz erlernbar und durch das Vermitteln von Erfahrungen – z.b. in Trainings – an die gesamte Belegschaft vermittelbar ist.[322]

Ansatz	Overseasmanship-Ansatz	Interkultureller Kommunikator	Attributionstheor. Ansatz	Lerntheoretischer Ansatz
Ziel	Deskription	Explikation	Explikation	Explikation
Wissenschaft	Soziologie, Psychologie	Kommunikations-wissenschaft	Kulturanthropologie	Soziale Lerntheorie
Wichtige Vertreter	Lysgaard (1955), Harris (1973)	Hall (1959, 1976), Brein/David (1971)	Triandis (1972, 1977)	David (1972), Guthrie (1975)
Fokus auf...	Eigenschaften, Fähigkeiten	Dekodieren von Botschaften	Verhaltens-ursachen	Kompetenz durch Erfahrung
Außen-kriterium	Anpassung an fremde Kultur	Effektiver Info.-Austausch	Effektives Verhalten	Anpassung an fremde Kultur
Grundaussage	Menschen mit bestimmten Eigenschaften passen sich besser an eine fremde Kultur an als andere.	Kultur ist Kommunikation. Ein kompetenter Kommunikator kann die Botschaft des anderen dekodieren.	Effektives interkulturelles Verhalten beruht auf der Fähigkeit, das Verhalten des Partners zu verstehen und angemessen zu reagieren.	Kompetenz entsteht durch Lernen. Wichtig für die Anpassung sind nicht Persönlichkeitsmerkmale, sondern Erfahrungen.
Theor. Basis	Nicht vorhanden	Vorhanden	Vorhanden	Vorhanden

Abbildung 13: Synopse der Forschungsansätze zur interkulturellen Kompetenz, Quelle: In Anlehnung an Müller/Gelbrich (2001), S. 248, 251.

In Anlehnung an Müller und Gelbrich ist festzustellen, dass die vier vorgestellten Ansätze partialanalytisch sind und immer nur einzelne Aspekte interkultureller Kompetenz untersuchen.[323] Seit Beginn der 1980er Jahre dominieren Beiträge von Kommunikationswissenschaftlern das Forschungsfeld. Angelsächsische Autoren sprechen nunmehr von interkultureller *Kommunikations*kompetenz. Sie begründen dies mit der These, interkultureller Kontakt sei im Kern nichts anderes als die Kommunikation zwischen Vertretern verschiedener Kulturen.[324] Auch die kommunikationswissenschaftlichen Beiträge sind nicht umfassend, sondern Partialmodelle. Sie lassen sich danach unterscheiden, ob Interkulturelle Kompetenz als konatives (Verhaltensebene, Fertigkeiten), kognitives (rationale Ebene, Wissen) oder affekti-

---

[322] Zum interkulturellen Training vgl. Punkt 4.4 auf S. 91 ff. dieser Arbeit.
[323] Vgl. Müller/Gelbrich (2001), S. 255.

ves Konstrukt (emotionale Ebene, Motivation) aufgefasst wird. Mittlerweile setzt sich aber zunehmend eine umfassende, integrative Betrachtung interkultureller Kompetenz durch. Sie begreift diese als Kombination der drei angeführten Dimensionen, da sie alle signifikanten Einfluss ausüben. Als Außenkriterien zur Evaluation interkultureller Kompetenz dienen Effektivität und Angemessenheit.[325] Diese sind aber nicht kulturinvariant: Während es in der westlichen Welt effektiv und angemessen sein mag, seine Ziele durchzusetzen und eine Situation zu kontrollieren, ist in einer anderen Kulturregion zwischenmenschliche Harmonie die zentrale Zielgröße.[326] Dies legt die Vermutung nahe, dass sich bei der Betrachtung des Phänomens (wie auch bei der der Unternehmenskultur) stets die subjektive Neigung („Bias") des – in diesem Falle westlichen – Forschers niederschlägt. Dieses Problem wurde noch nicht befriedigend gelöst. Ein weitere Schwierigkeit ergibt sich daraus, dass eine Vielzahl der Autoren die Erkenntnisse über intrakulturelle Kompetenz unkritisch auf interkulturelle Kompetenz übertragen. Erstere funktioniert aber nicht kulturübergreifend, sondern betrachtet das Interagieren von Angehörigen *derselben* Kultur.[327] Ungeklärt bleibt bislang auch die Frage, ob interkulturelle Kompetenz kulturfrei (etisch) oder kulturspezifisch (emisch) ist.[328] Während die emische Forschung der interkulturellen Marketinglehre länderspezifische Messinstrumente benutzt, fordern Müller und Gelbrich universell gültige (etische) Maßstäbe, die Vergleichbarkeit ermöglichen. Sie sind sich aber der Tatsache bewusst, dass solche universellen Konstrukte stets Gefahr laufen, zu allgemein konzipiert und damit nicht überprüfbar zu sein. Sie schlagen deshalb vor, die Frage nach etischer oder emischer Ausrichtung vom Forschungszweck abhängig zu machen. So sei bei der Untersuchung des Einflusses interkultureller Kompetenz deutscher Entsandter auf deren Auslandserfolg eine emische Sichtweise angebracht.[329] In der

---

[324] Vgl. Knapp (1995), S. 11.
[325] Vgl. etwa Chen/Starosta (1996), S. 362 f.
[326] So auch Müller/Gelbrich (2001), S. 263.
[327] Vgl. mit weiteren Nachweisen dies., S. 256.
[328] Die Begriffe gehen auf den Linguisten Pike und dessen Unterscheidung zwischen „Phonetik" und „Phonemik" zurück. Vgl. weiterführend Schmid (1996), S. 288.
[329] Vgl. Müller/Gelbrich (2001), S. 259, 260.

hier zu betrachtenden Bedeutung interkultureller Kompetenz der Mitarbeiter aller beteiligten Unternehmen einer internationalen Fusion ist von dieser ethnozentrischen Sichtweise Abstand zu nehmen. Hier scheint ein etisches Forschungsdesign angebracht.

Abschließend lässt sich zum derzeitigen Kenntnisstand interkultureller Kompetenz festhalten, dass auch bei ihrer umfassenden, integrativen Betrachtung noch erhebliche Schwachstellen auftreten. Einen „Königsweg" gibt es bisher nicht. Deswegen ist die Untersuchung des Phänomens vom Forschungsziel abhängig zu machen.

4.2.2 Faktoren interkultureller Kompetenz

Einen ersten Schritt zu einem umfassenden Ansatz beschreiten Müller und Gelbrich mit der Erstellung eines Inventars von Faktoren interkultureller Kompetenz, die bisher in der Literatur erarbeitet wurden. Nur ein solcher Vergleich kann letztlich zu Operationalisierbarkeit und damit Allgemeingültigkeit der Faktoren führen. Dabei werden u.a. die Definition eines Faktors durch den jeweiligen Autor und dessen Einordnung als affektiv, kognitiv oder konativ berücksichtigt. Müller und Gelbrich identifizieren so 16 verschiedene Faktoren.[330]

---

[330] Vgl. dies., S. 264, 265.

Faktor	Beschreibung	Dimension
Nicht-ethnozentrisch	Eigene Kultur nicht Maß aller Dinge	Affektiv
Unvoreingenommen	Keine Vorurteile gegenüber anderen Kulturen	Affektiv, konativ
Offenheit	Begeisterung für/Neugier auf Neues, Lernbereitschaft	Affektiv, konativ
Einfühlungsvermögen	Mitfühlen, sich in die Lage eines anderen versetzen können, Emotionen mit anderen teilen	Affektiv, konativ
Kulturelles Bewusstsein	Wissen, dass eigene und fremde Handlungen kulturell bedingt sind und sich folglich unterscheiden	Kognitiv
Wissen über das Land	Wissen über Umgangsregeln, Tabus, etc.	Kognitiv
Selbst-Bewusstsein	Sich selbst kennen, Fähigkeit zur Introspektion	Kognitiv
Wertschätzung des Selbst	Achtung der eigenen Person	Kognitiv
Realistische Erwartungen	Genaue, konkrete und zutreffende Erwartungen bezügl. des Gastlandes und dessen Einwohnern	Kognitiv
Entspannt sein	Keine Angst/Unsicherheit, geringer Wunsch nach Unsicherheitsvermeidung, Stressbewältigung	Affektiv, konativ
Respekt	Den anderen anerkennen, tolerieren und achten	Affektiv, konativ
Flexibilität	Sich auf unterschiedliche Situationen richtig einstellen	Konativ
Ambiguitätstoleranz	Fähigkeit, Widersprüchliches nebeneinander gelten zu lassen	Konativ
Erfolgsorientierung	Problemlösungs-, Erfolgsorientierung	Konativ
Angemessene Self Disclosure	Angemessene Offenlegung von Informationen über sich selbst	Konativ
Sprach- und Kommunikationsfertigkeiten	Eloquenz und geschickte Gesprächsführung	Konativ

Abbildung 14: Faktoren interkultureller Kompetenz: Derzeitiger Kenntnisstand Quelle: In Anlehnung an Müller/Gelbrich (2001), S. 266.

An der Darstellung wird deutlich, dass sich bisher keine eindeutige Trennung der Dimensionen interkultureller Kompetenz etabliert hat. Vielmehr überschneiden sich diese. So ist z.B. der Faktor Einfühlungsvermögen für Spitzberg eine Emotion, also affektiv;[331] Abe und Wiseman hingegen rechnen ihn der konativen Dimension zu.[332] Müller und Gelbrich stellen zu Recht die Frage, ob anhand neuerer Studien über emotionale Intelligenz, die die Unterscheidung von Emotion und Kognition von Grund auf in Frage stellen, die Trennung in diese drei Dimensionen überhaupt noch Sinn ergibt.[333] Bisher hat sich aber noch kein akzeptierteres Modell gefunden.

---

[331] Vgl. Spitzberg (1989), S. 245.
[332] Vgl. Abe/Wiseman (1983).
[333] Vgl. Müller/Gelbrich (2001), S. 258.

4.3 Einfluss interkultureller Kompetenz auf den internationalen Fusionserfolg

Die Identifizierung der angeführten Faktoren und die daraus abgeleiteten Dimensionen interkultureller Kompentenz werden von der Scientific Community stets vor dem Hintergrund betrachtet, welchen Einfluss sie auf den Erfolg Entsandter eines Unternehmens im Ausland haben. So entwickeln auch Müller und Gelbrich ein Modell zum Einfluss interkultureller Kompetenz auf den Auslandserfolg. Gemäß der Thematik dieser Arbeit wurde dieses Modell bezüglich des Einflusses auf den Fusionserfolg modifiziert. Es stellt die Wirkung der Faktoren, die zu den drei Dimensionen (Affekt, Kognition, Konation) verdichtet werden, auf das theoretische Konstrukt interkulturelle Kompetenz dar. Diese wird zudem beeinflusst durch betriebliche Kontext-Variablen. Solche können z.b. die fachliche Qualifikation des Personals oder die Unternehmenskultur sein.[334] So kann eine flexible, multikulturell geprägte und innovationsaffine Unternehmenskultur die interkulturelle Kompetenz der Mitarbeiter positiv beeinflussen. Dies hat einen deutlichen Einfluss auf den Fusionserfolg. Dieser wird in Anlehnung an Müller und Gelbrich qualitativ in weiche und quantitativ in harte Erfolgskriterien unterschieden. Die weichen Erfolgskriterien werden nach Effektivität hinsichtlich des Erreichens einer langfristig erfolgreichen Fusion und nach Angemessenheit im Umgang mit dem ausländischen Fusionspartner unterschieden. Harte Erfolgskriterien betreffen u.a. die Minderung von Fusionskosten durch gesteigerte Effektivität (etwa durch Vermeidung von Konflikten und Missverständnissen) und das Halten von wichtigen Mitarbeitern, die nicht abwandern, weil sie in der fremden Kultur keine Bedrohung sehen.

Natürlich kann dieses Modell nur eine stark vereinfachte Darstellung der komplexen Wirkungen interkultureller Kompotenz auf den Fusionserfolg liefern. Es hilft aber bei der Verdeutlichung und Einordnung in den hier zu betrachtenden Kontext einer Fusion.

---

[334] Vgl. Axel/Prümper (1997), S. 353; vgl. Müller/Gelbrich (2001), S. 264 f.

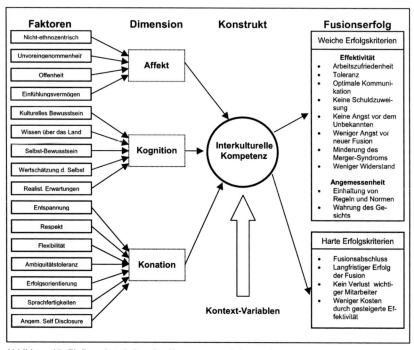

Abbildung 15: Einfluss interkultureller Kompetenz auf den Fusionserfolg, Quelle: Fusionsspezifische Modifikation der Darstellung von Müller/Gelbrich (2001), S. 267.

4.4 Interkulturelles Training

Der hier identifizierte, nicht unerhebliche Einfluss interkultureller Kompetenz auf den internationalen Fusionserfolg bedingt die Frage, ob und wie diese den Mitarbeitern vermittelt werden kann. Dem Lerntheoretischen Ansatz zufolge kann interkulturelle Kompetenz besonders durch Erfahrungen erlernt werden. Dies wirft die Frage auf, wie das am besten zu bewerkstelligen ist.

Erstmals wurde am „Foreign Service Institute" (FSI) des U.S. Department of State eine planmäßige, systematische Schulung von Mitarbeitern für den Auslandseinsatz durchgeführt. Durch die Analyse der Erfahrungen von Diplomaten während des Zweiten Weltkrieges erkannte man, dass deren Leistung aufgrund von Unkenntnis bezüglich der kulturellen Besonderheiten oft ungenügend ausfiel. Die Anthropologen des FSI – einer davon war Edward Hall – wurden deswegen angehalten, leistungssteigernde Schulungsprogramme zu erarbeiten. Diese bewegten sich zunächst auf der Makroebene der Formulierung genereller, abstrakter Kulturtheorien, bevor sie sich der Mikroebene, der Ausarbeitung konkreter Handlungsempfehlungen für Auslandseinsätze, widmeten. Das führte zur Entwicklung der ersten fundierten interkulturellen Trainings. Diese historische Entwicklung des Forschungsfeldes erklärt, warum es seit den 1950er Jahren primär praxeologisch behandelt wurde. Erst seit Beginn der 1980er Jahre erfährt interkulturelles Training verstärkt eine theoretische Fundierung.[335]

Axel und Prümper definieren interkulturelles Training in Anlehnung an Kohl wie folgt:

„Unter interkulturellem Training werden alle Trainingsmaßnahmen verstanden, bei denen Schulungsteilnehmern die Informationen, Fertigkeiten und Einstellungen vermittelt werden, die es ihnen ermöglichen, sich einer fremden Kultur anzupassen und in ihr effizient zu funktionieren."[336] Es wurde eine Vielzahl unterschiedlichster Methoden und Trainingansätze entwickelt, um dieses Ziel zu erreichen. Das derzeit verbreitetste und akzeptierteste Schema zu ihrer Klassifikation schufen 1983 Gudykunst und Hammer.[337] Sie unterschieden vier Trainingstechniken anhand der Dimensionen „experimentell/didaktisch" und „kulturspezifisch/kulturunspezifisch". Didaktische Trainings bestehen aus Vorlesungen in einem institutionellen, universitätsähnlichen Rahmen (kognitiv). Experimentelle Techniken wollen die Teilnehmer durch Simulationen kultureller Unterschiede und Rollenspiele emotional involvieren (affektiv/konativ). Kulturspezifische Trainingstechniken vermitteln Erfahrungen und

---

[335] Vgl. hierzu Axel/Prümper (1997), S. 363, 364.
[336] Dies., S. 364.
[337] Vgl. Gudykunst/Hammer (1983).

Informationen bezüglich einer Kultur, kulturunspezifische hingegen generelles, kulturübergreifendes kulturtheoretisches Wissen.[338]

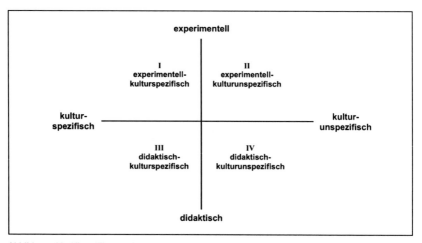

Abbildung 16: Klassifikation interkultureller Trainingstechniken, Quelle: In Anlehnung an Axel/Prümper (1997), Kompetenz durch Training, S. 365.

I. Experimentell-kulturspezifische Trainingstechniken: Dies können z.b. Simulationen, Rollenspiele, Verhaltensmodellierungen und bi-kulturelle Workshops sein, die experimentell Erfahrungen und Wissen zu einer Landeskultur vermitteln.

II. Experimentell-kulturunspezifische Trainingstechniken: Diese wollen dem Teilnehmer allgemein den Einfluss von Kultur auf dessen Erleben und Verhalten vermitteln. Dazu werden z.b. zwei Teilnehmergruppen gebildet, von denen jede festgelegte Handlungsanweisungen (repräsentativ für verschiedene Kulturstandards) bekommt. Dann müssen beide Gruppen miteinander interagieren und dabei feststellen, wie sehr sich ihre Handlungsmaximen unterscheiden. Die unweigerlich

---

[338] Vgl. Axel/Prümper (1997), S. 364.

auftretenden Kommunikationsstörungen und Frustrationen werden anschließend problematisiert.

III. Didaktisch-kulturspezifische Trainingstechniken: Dies sind z.B. Vorlesungen, Sprachkurse, Briefings und Assimilatoren. Kulturspezifische Assimilatoren umfassen alltägliche Interaktionssituationen zwischen Angehörigen verschiedener Kulturen, die diese als unverständlich und konfliktträchtig erleben. Dem Teilnehmer werden verschiedene Verhaltenserklärungen vorgestellt, von denen er die richtige auswählen muss.

IV. Didaktisch-kulturunspezifische Trainingstechniken: Diese vermitteln den Teilnehmern kulturübergreifendes Wissen zu Anthropologie, Ethnologie, Kulturpsychologie, Kulturkonzepten und dem Verlauf von Adaptionsprozessen.[339]

Die hier angeführten interkulturellen Trainingstechniken sollen den Teilnehmern bei der konfliktfreien Interaktion mit anderen Kulturen helfen.[340] Denn: *„Heutzutage [in Zeiten der Globalisierung, d. Verf.] kann es sich kein Unternehmen mehr leisten, auf interkulturelle Trainings [...] für alle Mitarbeiter, die Kontakt mit Geschäftspartnern aus anderen Kulturen haben, zu verzichten.“*[341]

4.5 Fusion der Unternehmenskulturen

Nachdem der Vergleich von Landeskulturen deren Unterschiedlichkeit in Normen, Werten und Verhaltensweisen gezeigt hat und die Bedeutung der interkulturellen Kompetenz beim Umgang mit diesen Unterschieden erarbeitet wurde, soll nun betrachtet werden, was passiert, wenn bei einer internationalen Fusion verschiedene Unternehmenskulturen aufeinander treffen und miteinander verschmelzen. Bei internationalen Fusionen ist die Gefahr des Scheiterns besonders hoch, da landeskulturelle Unterschiede sowie Kommunikationsbarrieren (verbal und nonverbal) die

---

[339] Vgl. zu den hier angeführten Techniken dies., 364-366.
[340] Eine neue „Wunderwaffe" im Umgang mit pluralistischen Belegschaften ist das amerikanische „Diversitätsmanagement" (engl. „Diversity Management"). Es greift erheblich weiter als interkulturelles Training und erhebt den Anspruch, nicht nur verschiedene Nationalitäten, sondern auch Religions-, Alters-, Klassen-, Geschlechts-, Sexualitäts- sowie physische Unterschiede konstruktiv zu vereinen. Vgl. weiterführend Pless (2000), S. 51 ff. und Emmerich/Krell (2002), S. 64 ff.
[341] Axel/Prümper (1997), S. 369.

Integration erschweren. Noch bis Mitte der 1980er Jahre wurde besonders eine mangelnde strategische Übereinstimmung für das Scheitern von Fusionen verantwortlich gemacht. Mittlerweile hat sich die Erkenntnis durchgesetzt, dass soziokulturelle Faktoren (auch: weiche Faktoren) wie geteilte Werte, das Schaffen von Vertrauen oder die Verträglichkeit von Managementphilosophien für den Fusionserfolg von entscheidender Bedeutung sind. *„"Organizational misfits", d.h., [sic!] Unterschiede in der Unternehmenskultur, Organisationsstruktur und Personalpolitik [...] können ein kaum zu überwindendes Hindernis bei der Merger Integration darstellen. So werden etwa ein Viertel bis die Hälfte aller gescheiterten M&As auf Schwierigkeiten bei der sozio-kulturellen Integration zurückgeführt."*[342] Die frühesten Untersuchungen und Erklärungsmodelle hierzu erschienen Mitte der 1980er Jahre.[343] Die verschmelzenden Unternehmen so zu integrieren, dass die strategischen Zielsetzungen der Fusion (z.B. Synergieeffekte) verwirklicht werden können, ist die zentrale Managementaufgabe bei Fusionen. Shrivastava unterscheidet drei Ebenen, auf denen Integrationsprozesse ablaufen:

1.) Verfahren und Prozeduren („procedural integration"),

2.) Ressourcen („physical integration"),

3.) Management und Unternehmenskultur („managerial and sociocultural integration").[344]

Hier interessiert besonders die letztgenannte Ebene. Sie umfasst laut Shrivastava:

„...issues related to the selection or transfer of managers, the changes in organizational structure, the development of a consistent corporate culture, and a frame of reference to guide strategic decisionmaking, the gaining of commitment and motivation from personnel, and the establishment of new leadership."[345]

Nun werden drei der verbreitetsten Modelle der sozio-kulturellen Integration vorgestellt: das Akkulturationsmodell von Nahavandi und Malekzadeh (1988), das Modell der Merger-Instabilität von Olie (1990) und das Modell der Kulturkompatibilität

---

[342] Stahl (2001), S. 62.
[343] Vgl. Sales/Mirvis (1984); vgl. Nahavandi/Malekzadeh (1988).
[344] Vgl. Shrivastava (1986), S. 65 ff.
[345] Ders., S. 70.

von Cartwright und Cooper (1993). Ihnen ist gemeinsam, dass sie die Betrachtung der Ausgangsbedingungen, also die Premerger-Phase, ins Zentrum ihrer Untersuchungen stellen. Dem wird der Ansatz von Stahl (2001) gegenüber gestellt, der sich durch eine übergreifende, prozessorientierte Betrachtung (Premerger-, Merger- und Postmerger-Phase) auszeichnet.

4.5.1 Betrachtung der Ausgangsbedingungen

4.5.1.1 Das Akkulturationsmodell von Nahavandi und Malekzadeh

Nahavandi und Malekzadeh haben 1988 ein Modell veröffentlicht, das Erkenntnisse der Anthropologie und der kulturvergleichenden Psychologie über die Auseinandersetzung von Individuen und Gruppen mit anderen Kulturen verwendet.[346] Akkulturation definieren sie in Anlehnung an den Anthropologen Berry wie folgt: „Acculturation is the term used to describe the process by which two groups that have come in direct contact resolve the conflicts and problems that inevitably arise as a result of their contact. It is defined as changes that occur in both cultures as a result of the contact."[347] Nahavandi und Malekzadeh unterscheiden vier Akkulturationsformen: Assimilation, Integration, Separation und Dekulturation.

1.) **Assimilation:** Dies bezeichnet die verbreitetste Konfliktlösung zwischen zwei fusionierenden Unternehmenskulturen. Ein Unternehmen, zumeist das übernommene, gibt seine Kultur auf und adaptiert die fremde Kultur. Es wird vollständig vom anderen Unternehmen assimiliert. Der unternehmenskulturelle Austausch findet somit nur in eine Richtung statt. Die Bereitschaft zur Assimilation findet sich besonders bei schwachen, erfolglosen Unternehmenskulturen.

2.) **Integration:** Dies bezeichnet einen ausgeglicheneren Akkulturationsprozess, bei dem beide Unternehmen Teile ihrer Kulturen austauschen. Der übernommene Betrieb behält einen Großteil seiner Unternehmenskultur. Das übernehmende Unternehmen gewährt ihm die dazu nötige Freiheit und Unabhängigkeit.

---

[346] Vgl. Nahavandi/Malekzadeh (1988).
[347] Dies. (1993), S. 59, 60.

Die Bereitschaft zur Integration findet sich besonders bei starken, erfolgreichen Unternehmenskulturen.

3.) **Separation:** Bei dieser Akkulturationsform findet überhaupt kein kultureller Austausch statt. Das übernommene Unternehmen besitzt eine starke und erfolgreiche Kultur, die es um keinen Preis aufgeben oder auch nur ändern will. Das übernehmende Unternehmen fungiert nur als finanzgebender Dachbetrieb. Der Kontakt zwischen den Betrieben ist minimal. Separation ist aufgrund des starken Wunsches nach Eigenständigkeit und der ablehnenden Grundhaltung des übernommenen Unternehmens besonders problematisch für den Fusionserfolg.[348]

4.) **Dekulturation:** Dies ist die konfliktträchtigste und denkbar negativste Akkulturationsform. Die Kultur des übernommenen Unternehmens ist schwach und erfolglos, weswegen dessen Mitglieder sie loswerden wollen. Sie sind jedoch nicht bereit, die fremde Kultur zu akzeptieren und stehen am Ende ohne jede Kultur da.

Die Wahl der Akkulturationsform beider Unternehmen ist an vier Faktoren gebunden. Diese sind abhängig von den Präferenzen der Unternehmen. Die Entscheidung des übernommenen Unternehmens hängt ab von der Stärke seiner Kultur und von der empfundenen Attraktivität der Kultur des übernehmenden Unternehmens. Eine starke eigene Kultur und eine unattraktive fremde Kultur führen eher zur Ablehnung dieser – et vice versa. Die Entscheidung des übernehmenden Unternehmens hängt ab von dessen strategischer Zielorientierung und seiner Multikulturalität. Bei Verfolgen einer ausgeprägten Diversifikationsstrategie, also Unähnlichkeit der Unternehmen (konglomerate Fusion) und hoher Multikulturalität ist es eher bereit, die Kultur des anderen Unternehmens zu belassen, wie sie ist – und andersherum.[349] Generell ist für Nahavandi und Malekzadeh nicht die Ähnlichkeit

---

[348] Vgl. dies., S. 64.
[349] Vgl. dies., S. 62-69.

der fusionierenden Unternehmenskulturen erfolgsentscheidend, sondern die Über-einstimmung der präferierten Akkulturationsform.[350]

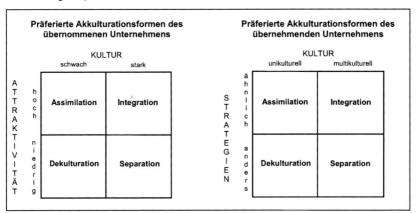

Abbildung 17: Akkulturationsmodell nach Nahavandi und Malekzadeh, Quelle: Übersetzt nach Nahavandi/Malekzadeh (1993), S. 66, 67.

Nahavandi und Malekzadeh behandeln in ihrem Ansatz implizit nur Fusionen durch Übernahme und klammern ohne Begründung einen Großteil an Fusionsmodellen aus. Oftmals setzen sie Verschmelzungen mit Akquisitionen gleich – ein aus der Fusionsliteratur altbekanntes Begriffsdefizit. Das Akkulturationsmodell berücksich-tigt nur unternehmenskulturelle, nicht aber landeskulturelle Unterschiede. Es be-zieht somit die besonderen Probleme internationaler Fusionen nicht mit ein. Ein so bewusstes Entscheiden für eine Akkulturationsform und eine so klare Vorstellung von der eigenen und fremden Unternehmenskultur, wie Nahavandi und Malekza-deh sie hier allen Beteiligten einer Fusion de generis unterstellen, scheint m.E. sehr unglaubwürdig. Die Konfrontation mit dem Unbekannten, der fremden Kultur, erscheint jedem Betroffenen zunächst als Bedrohung. Deswegen ist m.E. immer mit Widerständen und Ablehnung zu rechnen und nicht mit dem idealtypischen, bewussten Tausch von alt gegen neu. Auch die Variante der Dekulturation scheint

---

[350] Vgl. dies., S. 76.

nicht den realen Erfahrungen zu entsprechen. Wenden wir uns deswegen dem nächsten Ansatz zu.

4.5.1.2 Das Modell der Initialkonfiguration von Olie

Ein weiteres Modell zur sozio-kulturellen Integration bei M&As hat Olie 1990 vorgestellt.[351] Er lehnt es bewusst an die Arbeit von Nahavandi und Malekzadeh an und versucht, deren Defizite aufzufangen. So beansprucht der Ansatz Olies zwar Gültigkeit für Fusionen *und* Akquisitionen, anders als Nahavandi und Malekzadeh trennt er aber deutlich zwischen diesen. Zudem bezieht er auch landeskulturelle Unterschiede in seine Überlegungen ein.

Olie konstatiert, dass ein Drittel aller Fusionen und Akquisitionen durch fehlerhafte Integration scheitern. Während finanzielle Probleme die Premerger-Phase dominieren, treten in der Merger- und Postmerger-Phase kulturelle und personelle Konflikte an ihre Stelle; das Merger-Syndrom grassiert.[352] Der Grad der Differenzen während des Integrationsprozesses wird nach Olie durch drei Faktoren bestimmt:

1.) **Die Integrationsintensität:** Diese kann niedrig sein, etwa wenn es ausschließlich darum geht, finanzielle Systeme der Unternehmen anzugleichen und zu integrieren. Das andere Extrem ist eine operationale Integration, die signifikante kulturelle Veränderungen für beide Betriebe mit sich bringt. Je radikaler der Wechsel ist, desto mehr Widerstand der Betroffenen ist zu erwarten.

2.) **Die Art des kulturellen Austausches:** Hierunter fasst Olie die vier Akkulturationsformen von Nahavandi und Malekzadeh. Er setzt aber einen neuen Akzent auf die Machtverteilung, die einen solchen kulturellen Austausch bestimmt. Olie nennt als zwei Extreme die Kooperation (niedriges Machtgefälle) und die Domination (hohes Machtgefälle).

3.) **Die Attraktivität der eigenen und der fremden Kultur:** Während Nahavandi und Malekzadeh diesen Faktor nur aus der Sicht des übernommenen Unternehmens berücksichtigen, formuliert Olie ihn holistisch für alle beteiligten Un-

---

[351] Vgl. Olie (1990).
[352] Vgl. ders., S. 207.

ternehmen. Die Attraktivität der fremden Kultur wird nach Olie besonders dann geschmälert, wenn es keine Alternative gibt. Dies ist besonders bei einer feindlichen Übernahme der Fall. Dieses Aufzwingen einer fremden Kultur führt zu deutlichen Widerständen und endet in der Zersplitterung der Unternehmenskultur in differente Subkulturen.

Durch Kombination der ersten beiden Faktoren unterscheidet Olie vier verschiedene M&A-Typen: „Portfolio", „Redesign", „Merger" und „Absorption". Diese Typologie ist zudem bestimmt durch unternehmensinterne Einflüsse (Motive, Erwartungen, etc.) und das Machtgefälle der Unternehmen. Je stärker die Verhandlungsposition eines Betriebes ist, desto eher ist dieser in der Lage, dem Fusionspartner seine Kultur und Struktur aufzuzwängen. Aber auch externe Einflüsse wie Marktbedingungen, Regierungspolitik, rechtliche Zwänge determinieren die Typologie. Im Folgenden sollen die vier M&A-Typen Olies vorgestellt werden:

1.) **„Portfolio"-Akquisition:** Geringes Machtgefälle und damit Kooperation sowie eine schwache Integrationsintensität zeichnen diesen Typus aus. Er findet sich besonders bei konglomeraten Akquisitionen. Der Akquisiteur nimmt kaum Einfluss auf das Akquisitionsobjekt, kulturelle Konflikte sind minimal.

2.) **„Redesign"-Akquisition:** Hohes Machtgefälle und damit Dominanz des Akquisiteurs sowie eine niedrige Integrationsintensität bestimmen diesen Typus. Obwohl sein Ziel nicht Synergie, sondern Diversifikation ist, kann der Akquisiteur doch starken Einfluss auf das Akquisitionsobjekt ausüben. Oftmals wird dessen Management ersetzt.

3.) **„Absorption"-Akquisition:** Sie ist bestimmt durch klare Dominanz des Akquisiteurs und hohe Integrationsintensität. Ziel sind Synergieeffekte. Dies ist der einzige Typus mit eindeutiger und spürbarer Machtverteilung. Er findet sich besonders bei horizontalen Akquisitionen.

4.) **„Fusion":** Einen eigenen Typus bildet die Verschmelzung. Olie stellt fest, dass sie besonders schwer zu realisieren ist, da die Fusionspartner mehr oder weniger gleich stark und damit zur Kooperation gezwungen sind. Andererseits sind sie mit einer hohen Integrationsintensität konfrontiert. Deswegen müssen *beide* eine neue Drittkultur aufbauen. Obwohl diese auf Kooperation basiert, muss eine Fusion noch lange nicht auf Gegenliebe bei den Beteiligten stoßen. Sie kann bspw. Ergebnis einer Defensivstrategie sein, bei der keine Alternative zur Verschmelzung bestand. Auch muss die Zustimmung des Top Management nicht die des mittleren Management und der übrigen Mitarbeiter bedeuten. Sie werden nicht gefragt, müssen aber letztlich entscheidend die Fusion mit tragen.[353]

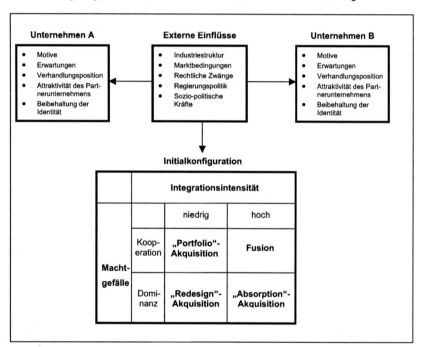

Abbildung 18: Das Modell der Initialkonfiguration von Olie, Quelle: Übersetzung nach Olie (1990), S. 208, 212.

---

[353] Vgl. zu dieser M&A-Typologie ders., S. 207-209.

Anders als Nahavandi und Malekzadeh bezieht Olie auch landeskulturelle Unterschiede mit ein. Dabei betrachtet er Landeskultur nicht als externe, sondern als interne Variable, eingebunden in Motiven und Bedürfnissen des Unternehmens. Sie macht internationale Fusionen und Akquisitionen zu einer besonderen Herausforderung: „The international merger is a special case. In foreign takeovers, potential cultural conflicts will be solved through the bargaining power of the dominant partner. Such is impossible in a merger in which both partners are roughly of equal size or importance. There are two cultures ore value patterns which are more or less compatible with each other. No dominant „home culture" is avalaible which can provide a frame of reference. [...] In this case a third culture has to be developed by the two partners. On the basis of research on national cultures we may, for example, argue that some cultures can be more easily combined than others."[354]

Mit dem letzten Hinweis bezieht sich Olie auf die von Hofstede identifizierten Kulturregionen. Er erklärt, dass das Merger-Syndrom nicht nur bei nationalen Fusionen entsteht, sondern auch auf einem internationalen Level: es äußert sich in Ethnozentrismus, Nationalismus und einer Furcht vor fremden Landeskulturen.[355]

Der Ansatz Olies ist weitaus differenzierter als der von Nahavandi und Malekzadeh. Aber auch er weist Schwachstellen auf: So kann die These verwundern, dass Akquisitionen mit einem dominierenden Partner, der seine Kultur dem Unterlegenen aufzwingt, weniger Konfliktpotential bieten als Fusionen mit zwei kooperierenden Partnern, die eine Drittkultur aufbauen. Der bilaterale kulturelle Austausch vermindert m.E. ein Großteil der kulturellen Probleme, da keine der Parteien sich von ihrer vertrauten Kultur vollständig trennen muss, sondern beide symbolträchtig eine neue Fusionskultur erschaffen können. Desweiteren lässt sich kritisieren, dass Fusionen im Modell Olies wenig differenziert betrachtet werden. Zudem sind

---

[354] Ders., S. 210.
[355] Vgl. ders., S. 211.

die Modelle von Nahavandi und Malekzadeh sowie von Olie nicht empirisch bestätigt.[356]

4.5.1.3 Das Modell der Kulturkompatibilität von Cartwright und Cooper

Cartwright und Cooper haben 1993 ein Modell zur Kompatibilität von Unternehmenskulturen bei Fusionen und Akquisitionen vorgestellt. Dabei trennen sie diese wie Olie nach dem Kriterium der Machtverhältnisse: *„Mergers [...] represent a cooperative agreement, usually between organizations more closely matched in terms of size, etc. [...] In an acquisition, there are clear winners and losers [...]."*[357] Anders als Olie sehen Cartwright und Cooper weitaus größere Schwierigkeiten bei einseitig dominierten Akquisitionen als bei kooperativen, machtbezogen ausgeglichenen Fusionen: *„Therefore there will be greater and more overt initial conflict and resistance to change within bitterly fought takeovers, [...] than in voluntary mergers or acquisitions."*[358]

In Anlehnung an eine von Harrison begründete Typologie der Unternehmenskulturen[359] entwickeln sie vier verschiedene Typen:

1.) „Power Cultures": Ihr wichtigstes Merkmal ist die starke Zentralisation der Macht in einer Person (zumeist dem Unternehmensgründer) oder einem kleinen Personenkreis. „Power Cultures" finden sich eher in kleinen Unternehmen, da mit Wachstum Machtverteilung einhergeht. Loyalität und Tradition sind die zentralen Werte. Nach der empfundenen Legitimität der Machtausübung werden *patriarchalische* und *autokratische* „Power Cultures" unterschieden:

- *„Patriarchal Power Cultures":* In ihnen leitet sich Macht aus Besitz und dem persönlichen Bemühen um den Fortbestand des Unternehmens ab. Die Machtverteilung wird als legitim angesehen, da sich die Mitarbeiter durch die Unternehmensleitung beschützt fühlen.

---

[356] So auch Stahl (2001), S. 65.
[357] Cartwright/Cooper (1996), S. 34.
[358] Vgl. dies., S. 35.
[359] Vgl. Harrison (1972).

- „*Autocratic Power Cultures*": In ihnen leitet sich die Macht aus Status und Position ab. Die Führung ist nicht per se an der Zukunft des Unternehmens interessiert, weil sie jederzeit bereit ist, es für eine bessere Position zu verlassen. Typisch ist eine hohe Mitarbeiterfluktuation aufgrund wenig empfundener Verbundenheit.

2.) **„Role Cultures"**: Logik, Rationalität und Effektivitätsmaximierung sind die Leitprinzipien dieser Kultur. Das Unternehmen ist eine Ansammlung von Rollen, nicht von Menschen oder Persönlichkeiten. Belohnt werden Regelfolge und Verinnerlichung von Prozessabläufen. Die Macht ist hierarchisch nach Rollen verteilt. „Role Cultures" finden sich besonders in großen Unternehmen mit hochspezialisierten Arbeitsbereichen.

3.) **„Task/Achievement Cultures"**: Entscheidendes Merkmal sind Leidenschaft und Energie, mit der eine Aufgabe und deren Lösung verfolgt wird. Von zentraler Bedeutung ist, *dass* ein Problem gelöst wird, nicht *wie* es gelöst wird. Die Aufgabe bestimmt deren Lösung, nicht die Regel. Macht ist dezentral verteilt, Gruppenarbeit präferiert, Kreativität und Problemlösung werden belohnt. „Task Cultures" finden sich eher als Subkulturen einzelner Abteilungen (z.B. Forschung und Entwicklung) oder aber bei besonders jungen Unternehmen (z.B. Internet-Start-Ups am Neuen Markt).

4.) **„Person/Support Cultures"**: Ihr Hauptmerkmal ist die Gleichheit aller Mitglieder. Informationen und Entscheidungen werden im Kollektiv geteilt. Das Unternehmen wird der Existenz des Individuums untergeordnet. Cartwright und Cooper gestehen, dass sich dieser Kulturtypus eher in einem Kibbuz als in profitorientierten Unternehmen findet.[360]

Um eine Unternehmenskultur zu identifizieren und dieser Typologie zuzuordnen, entwickeln Cartwright und Cooper einen Fragebogen, der hier nicht weiter betrachtet werden soll.[361] Bei Fusionen und Akquisitionen gilt es laut Cartwright und Cooper, die Typen der eigenen und der fremden Unternehmenskultur zu identifizieren

---

[360] Vgl. zu dieser Typologie Cartwright/Cooper (1996), S. 65-69.
[361] Vgl. weiterführend dies., S. 70-73.

und sie hinsichtlich ihrer kulturellen Kompatibilität zu überprüfen. Für eine erfolgreiche Integration müssen diese zwar nicht identisch, aber kompatibel sein. Dabei unterscheidet sich die Bedeutung der Kompatibilität nach der Form der Fusion oder Akquisition.[362] Cartwright und Cooper entwickeln drei solcher Formen:

1.) **„Open Marriage"**: Das übernehmende Unternehmen ist zufrieden mit der Unternehmenskultur des übernommenen Unternehmens und ändert diese nicht, obwohl es eindeutig in der dominanten Position ist. Beide Unternehmenskulturen bestehen unberührt nebeneinander fort. Solange sich die vom übernommenen Unternehmen erwarteten Erfolge einstellen, ändert sich daran nichts.

2.) **„Traditional Marriage"**: Das übernehmende Unternehmen ist unzufrieden mit der Unternehmenskultur des übernommenen Unternehmens und ändert diese. Es nutzt seine Dominanz und verändert die fremde Kultur nach seinen Wünschen. Der Wechsel ist radikal; das übernommene Unternehmen wird zur absoluten kulturellen Adaption gezwungen. Hier ist nicht so sehr die kulturelle Distanz entscheidend, sondern das Ausmaß, in dem die Handlungsspielräume der Mitarbeiter des übernommenen Unternehmens beschnitten oder erweitert werden. Erweitert die Unternehmenskultur des übernehmenden Unternehmens den Handlungsspielraum der übernommenen Belegschaft (Bsp.: „Task Culture" übernimmt „Power Culture", vgl. Abbildung 18), ist ein erfolgreicher Integrationsverlauf zu erwarten; im umgekehrten Fall (Bsp.: „Power Culture" übernimmt „Task Culture") droht das Scheitern.

3.) **„Collaborative Marriage"**: Beide Unternehmen haben hohen Respekt vor der anderen Kultur und versprechen sich Vorteile aus dem kulturellen Austausch. Es herrscht Parität und die Bereitschaft zu wechselseitigem Lernen. Die Unternehmen erschaffen eine Drittkultur, die das Beste beider alten Kulturen vereint. Dies deckt sich mit der Auffassung Olies. Es entscheidet, anders als bei „Traditional Marriages", die kulturelle Distanz über das Gelingen der Fusion, da für alle Beteiligten ein deutlicher Kulturwandel bevorsteht. Gehören die fusionierenden Unternehmenskulturen nicht demselben oder einem ähnlichen

---

[362] Vgl. dies., S. 76, 77.

Kulturtypus an, so ist die Fusion nach Cartwright und Cooper zum Scheitern verurteilt.[363]

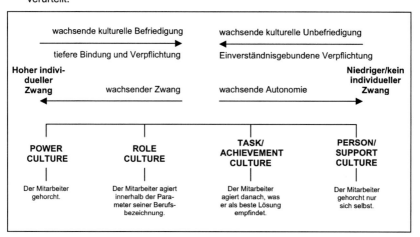

Abbildung 19: Unternehmenskulturtypen bei M&As nach Cartwright und Cooper, Quelle: Modifikation der Darstellung von Cartwright/Cooper (1993), S. 63.

Cartwright und Cooper unterscheiden bei dieser Unterteilung an keiner Stelle eindeutig zwischen Akquisitionen und Fusionen. Sie kommen in ihrer Arbeit zwar auch auf die Bedeutung interkultureller Unterschiede zu sprechen, liefern aber keinen neuen Erkenntnisgewinn oder Aspekt, der in der vorliegenden Arbeit bisher vernachlässigt wurde.

4.5.1.4 Zusammenfassender Vergleich der Modelle

Den hier vorgestellten Modellen ist gemein, dass sie Unterschiede in den Unternehmens- oder Landeskulturen als ein erhebliches Hindernis für eine erfolgreiche Fusion identifizieren. Jedes Modell präferiert ein anderes Ideal der erfolgreichen unternehmenmskulturellen Integration:

---

[363] Vgl. dies., S. 77-91.

- **Nahavandi und Malekzadeh** behandeln implizit nur Fusionen durch Übernahme. Folgerichtig bevorzugen sie die Integration, indem beide Unternehmen Teile ihrer Kultur austauschen und das übernehmende Unternehmen dem übernommenen die nötige Freiheit gewährt. Dies bietet sich besonders für horizontale Fusionen an. Bei konglomeraten und vertikalen Fusionen ziehen sie die Assimilation der Separation vor, da letztere besonders konfliktträchtig sei. M.E. verhält sich dies umgekehrt: Haben die Unternehmen (nahezu) keine gemeinsamen Betätigungsfelder, so erscheint es sinnvoller, sie voneinander unbelassen fortzuführen, als dem übernommenen Betrieb eine völlig fremde Kultur aufzuzwingen und damit Widerstände, Merger-Syndrom und gesteigerte Fluktuation zu provozieren.

- **Olie** sieht dies genauso: Je radikaler der Wechsel, desto mehr Widerstand der Betroffenen. Er betrachtet implizit nicht die Fusionen durch Übernahme als Abschluss eines Unternehmenskaufs (z.B. aus steuerrechtlichen Gründen), sondern nur die Fusionen unter (relativ) Gleichen. Bei ihnen sind beide Unternehmen zur Bildung einer neuen Drittkultur gezwungen, die an die Stelle der alten Unternehmenskulturen tritt. Fraglich bleibt, warum Olie darin mehr Konfliktpotential sieht als in dem Aufzwingen einer Unternehmenskultur durch einen dominanten Akquisiteur. Diese Sichtweise ist m.E. zu kurzatmig. Langfristig gesehen wird eine ausgeglichene Drittkultur erfolgreicher sein, auch wenn sie kurzfristig schwieriger und aufwendiger zu bewerkstelligen ist.

- **Cartwright und Cooper** stimmen dem zu. Auch sie sehen im ausgeglichenen, kooperativen Aufbau einer Drittkultur weniger Konfliktpotential („Collaborative Marriage"). Diese scheint m.E. besonders bei horizontalen Fusionen angebracht. Bei Fusionen durch Übernahme mit einem dominanten Partner bevorzugen sie die „Open Marriage", die der Separation von Nahavandi und Malekzadeh gleich kommt: beide Kulturen bestehen voneinander unberührt fort. Dies ist besonders bei konglomeraten und vertikalen Fusionen sinnvoll. Für den denkbar schlechtesten Fall der Firmenhochzeit, die „Traditionell Marriage", kann nur Eines gelten: Wenn das übernehmende Unternehmen *so* unzufrieden mit der Unternehmenskultur des übernommenen ist, dass es sie *absolut* ändern muss, dann sollte es auf die Fusion verzichten! In der historischen Entwicklung dieser Modelle ist ein positiver Lernprozess auszumachen. Sie alle haben zu einem erheblichen Erkenntniszugewinn in der Forschung geführt und ein Thema von vehementer Bedeutung für den Erfolg von Fusionen in das Interesse der Wissenschaft gerückt. Sollte dieses Thema in Zukunft weiter und eingehender untersucht und vor allem von fusionierenden Unternehmen - in ihrem eigenen Interesse! – entsprechend gewürdigt werden, so kann die derzeit sehr hohe Misserfolgsquote von Verschmelzungen m.E. erheblich gesenkt werden. Dies würde eine finanzielle, aber auch soziale und psychologische Entlastung jeder betroffenen Volkswirtschaft bedeuten.

Im Falle der Separation bzw. Open Marriage fusionieren die Unternehmenskulturen de facto nicht. Das Aufzwingen einer dominanten Kultur als anderes Extrem ist m.E. von vornherein zum Scheitern verurteilt. Deswegen ist für die vorliegende Arbeit nur die kooperative Fusion der Unternehmenskulturen mit Aufbau einer Drittkultur von Belang. Den absoluten Kraftakt, vor den die fusionierenden Unternehmen damit gestellt werden, kann das folgende Modell nur rudimentär verdeutlichen.

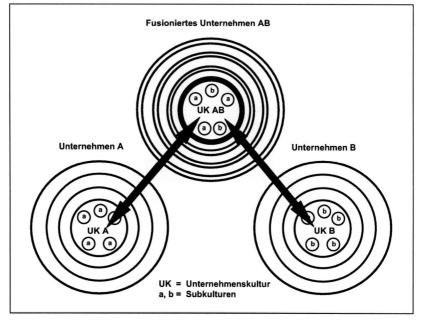

Abbildung 20: Fusion der Unternehmenskulturen, Quelle: Eigene Darstellung.

Der Aufbau einer Drittkultur muss das Beste beider Unternehmenskulturen vereinen. Dies beinhaltet die einer Unternehmenskultur immanenten Subkulturen, aber auch die sie umgebende und sie beeinflussende Regional-, Landeskultur und Kulturregion.

Natürlich ist es sinnvoll, für ein solch komplexes Unterfangen die Ausgangsbedingungen zu betrachten, wie dies die vorgestellten Ansätze tun. Ohne eine genaue Vorstellung über die eigene und die zu übernehmende Kultur ist eine internationale Megafusion von vornherein zum Scheitern verurteilt. Diese Betrachtung betrifft aber nur die Premerger-Phase. Um die Veränderung der Ausgangsbedingungen zu berücksichtigen und den kompletten Prozess der unternehmenskulturellen Fusion zu optimieren, ist eine prozessorientierte Betrachtung, wie Stahl sie vorschlägt, zwingend notwendig. Ihr widmet sich das nächste Unterkapitel.

4.5.2 Prozessorientierte Betrachtung: Das Modell von Stahl

Stahl stützt die Notwendigkeit einer prozessorientierten Betrachtung auf drei Thesen:

1.) *„Die Ausgangsbedingungen bei M&As haben eine geringe Vorhersagekraft für den Verlauf und Ausgang der sozio-kulturellen Integration."*[364] Laut Stahl werden im Fusionsprozess eine Vielzahl von Faktoren wirksam, die eine unvorhergesehene Eigendynamik entfalten. Neben den Merkmalen der Ausgangskonfiguration (bspw. Strategie, Struktur, finanzieller Status) müssen Prozessvariablen wie Freiheitsgrad (freundlich/feindlich), Ausmaß der Kontrolle (Autonomie/ Zwang) und Sozialisationsmaßnahmen (finanzielle Anreizsysteme, Mitarbeitertransfers) berücksichtigt werden, will man den Fusionserfolg vorher sagen. Hinzu treten Prozessvariablen wie Aufgabenteilung, Veränderungsdynamik und Verhaltensunsicherheit. Sie alle finden ihren Niederschlag nicht in der Startkonfiguration, sondern im Fusionsprozess. Die Komplexität und Dynamik, die durch diese Faktoren im Integrationsprozess entsteht, führt laut Stahl dazu, dass die Fusion von Unternehmenskulturen stark von den zuvor vorgestellten, postulierten Integrationsformen abweichen und sich keiner Typologie eindeutig zuordnen lassen. Vielmehr verläuft der kulturelle Wandel bei Fusionen diskontinuierlich und über verschiedene Integrationsformen und –stufen. Stahl verweist auf eine Studie von Sales und Mirvis,[365] nach der nach einem Unternehmenszusammenschluss unterschiedliche Kulturphasen durchlaufen wurden und keine der postulierten Akkulturations- bzw. Kompatibilitätsformen den sozio-kulturellen Wandel zutreffend beschrieb. Vielmehr traten im Prozessverlauf Elemente verschiedener Akkulturationsformen, teilweise gleichzeitig, auf. *„Die Analyse der Ausgangsbedingungen bei M&As muss demnach durch eine Betrachtung der im Integrationsverlauf wirksamen Einflußfaktoren*

---

[364] Stahl (2001), S. 67.
[365] Vgl. Sales/Mirvis (1984).

ergänzt werden. Eine Prozeßanalyse eröffnet Einsichten für die Integrationsgestaltung, die weit über den Aussagegehalt der Akkulturations- bzw. Culture Fit-Modelle hinausreichen.[366] Dem ist m.E. zuzustimmen.

2.) **„Eine Vereinheitlichung der Kulturen ist nicht in allen Fällen erstrebenswert.**"[367] Damit widerspricht Stahl der Annahme der ausgangsorientierten Ansätze, dass der Akkulturationsprozess nach einer Fusion in der Regel konflikthaft verläuft und für mindestens ein Unternehmen mit der Aufgabe oder tiefgreifenden Veränderung der Unternehmenskultur verbunden ist. Für ihn ist die Schaffung einer einheitlichen Unternehmenskultur keine Bedingung für den Fusionserfolg. Besonders bei internationalen Fusionen sei eine Angleichung divergierender Nationalkulturen ein aussichtsloses Unterfangen, da landeskulturelle Prägungen weitaus veränderungsresistenter seien als unternehmenskulturelle. Dem ist zuzustimmen: In die Landeskultur wird ein Mensch hineingeboren; sie prägt ihn in frühester Kindheit. Die Unternehmenskultur betritt er erst als Erwachsener. Dies erklärt auch, warum in internationalen Fusionen Dominanzansprüche eines Partners oftmals zum sog. „conquering army syndrome"[368] führen. Sie werden als Unterwerfungsversuche empfunden und mit vehementen Abwehrreaktionen beantwortet. Um diese gar nicht erst entstehen zu lassen und damit den Fusionserfolg zu gefährden, müssen nationalkulturelle Unterschiede gewürdigt und unberührt bleiben. Dies führt Stahl zu seiner dritten These.

3.) **„Kulturunterschiede stellen nicht nur Risiken, sondern auch Chancen dar.**"[369] Stahl wendet sich damit explizit von der verbreiteten „Kultur-Distanz-Hypothese" ab, die besagt, dass die Wahrscheinlichkeit kultureller Konflikte mit zunehmender kultureller Divergenz steigt.[370] Für ihn bedeuten Kulturunterschiede nicht per se einen Misserfolgsfaktor, sondern können auch vielfältige Erfolgschancen für Fusionen bilden. Er belegt diese These mit Ergebnissen der Gruppenforschung, die bei kulturell heterogen zusammengesetzten Arbeitsgruppen bessere

---

[366] Stahl (2001), S. 68.
[367] Ebd.
[368] Vgl. weiterführend Seed (1974).
[369] Stahl (2001), S. 69.

Leistungen konstatiert als bei homogenen Gruppen. Dies begründet sich durch deren Potential, kreativere und bessere Problemlösungen zu erarbeiten und sich schneller an wechselnde Umweltbedingungen anzupassen als homogene Teams.[371] Kulturelle Heterogenität stellt vielmehr die Grundbedingung zur Erzeugung und zum Ausschöpfen von Synergiepotentialen dar. *„Eine möglichst weitgehende kulturelle Vereinheitlichung kann deshalb kein rationales Ziel des Integrationsmanagements sein. Dies gilt insbesondere für M&As, deren Erfolg in hohem Maße von Synergien bei der interkulturellen Zusammenarbeit abhängt, wie dies beispielsweise in forschungsintensiven Branchen der Fall sein dürfte."*[372] Stahl nutzt die Ergebnisse einer Studie von Larsson und Risberg aus dem Jahr 1998.[373] Sie erbrachte, dass Zusammenschlüsse von Unternehmen mit ausgeprägten unternehmens- und landeskulturellen Divergenzen die größten Synergieeffekte und die geringsten Widerstände bei Mitarbeitern aufweisen. Damit, so folgert Stahl, sind nicht kulturelle Unterschiede, sondern die Effektivität und Kompetenz des Integrationsmanagements entscheidend für den Fusionserfolg. Es kommt besonders darauf an, kulturelle Unterschiede zu respektieren, voneinander zu lernen und eine gleichberechtigte Partnerschaft anzustreben. Die Bereitschaft dazu ist bei internationalen Zusammenschlüssen ausgeprägter als bei nationalen, bei denen kulturelle Unterschiede leichter vernachlässigt werden. Internationale M&As haben das Potential, erfolgreicher als nationale zu verlaufen. Die Anforderungen an das Integrationsmanagement sind aber entsprechend höher.

Stahls Thesen ist nur bedingt zuzustimmen. Die Ausgangsbedingungen sind für den Erfolg einer unternehmenskulturellen Fusion m.E. *genauso* wichtig wie der Verlauf des Fusionsprozesses. „Drum prüfe, wer sich ewig bindet" – diese alte Volksweisheit muss auch für Fusionen gelten. Wer nicht in der Premerger-Phase die eigene Unternehmenskultur genau kennt und sich den Fusionspartner nicht auch nach dessen Unternehmenskultur und deren Kompatibilität mit der eigenen

---

[370] Als bekannte Vertreter dieser These vgl. Kogut/Singh (1988) und Morosini/Shane/Singh (1998).
[371] Vgl. Cox/Blake (1991); vgl. Smith/Noakes (1996); vgl. Morosini/Shane/Singh (1998).
[372] Stahl (2001), S. 69.
[373] Vgl. Larsson/Risberg (1998).

auswählt, der macht eine ohnehin schon immens komplexe Aufgabe zu einem schier unkoordinierbaren Unterfangen. Vor dem Hintergrund der Erkenntnis, dass Strategie, Struktur und Kultur sich gegenseitig beeinflussen und gleichbedeutend für den Erfolg eines Unternehmens sind,[374] müssen diese drei Komponenten beider Unternehmen kompatibel sein. Kulturelle Divergenzen mögen eine kreative Bereicherung darstellen – in Bereichen wie der Forschung und Entwicklung, wie Stahl richtig feststellt. Sie können aber auch das Integrationsmanagement schlicht überfordern, wenn ihnen jegliche Gemeinsamkeiten fehlen. Der für ein kulturelles Integrationsmanagement denkbar einfachste Fall ist die nationale mittelständische Fusion zweier junger Unternehmen mit schwach ausgeprägter Unternehmenskultur aus der gleichen Region. Es gibt keine kulturregionalen, landeskulturellen und regionalkulturellen Unterschiede. Zudem ist durch geringe Größe und Alter der Unternehmen von wenigen Subkulturen auszugehen, die die Integration behindern könnten. Durch die Schwäche der Unternehmenskulturen stellen sich keine ausgeprägten Kulturkonflikte ein. Diese Konstellation hat aber auch nur geringe kreative Synergiepotentiale zur Folge – darin ist Stahl zuzustimmen. Der denkbar komplexeste Fall ist die internationale Megafusion zweier tradierter Unternehmen mit starker Unternehmenskultur. Hier treffen kulturregionale, landeskulturelle und regionale Divergenzen aufeinander. Größe und Alter der Unternehmen lassen auf eine Vielzahl von ausgeprägten Subkulturen schließen, die es einzubinden gilt. Die Stärke der Unternehmenskulturen deutet auf vehemente Divergenzen hin. Dieser Fall bietet nach Stahl jedoch auch das denkbar größte kreative Potential.

Um eine erfolgreiche Fusion der Unternehmenskulturen zu ermöglichen und die Synergiepotentiale unternehmenskultureller und interkultureller Divergenzen auszuschöpfen und einzubinden, muss in der Premerger-Phase eine genaue Analyse der eigenen Kultur stattfinden. Nach einer gründlichen Analyse der Kultur möglicher Fusionspartner gilt es hinsichtlich notwendiger Gemeinsamkeiten und bereichernder Unterschiede den bestmöglichen Fusionspartner zu identifizieren. In der Merger-Phase muss mit ihm eine umfassende Einigung hinsichtlich der künftigen

---

[374] Vgl. Punkt 3.5 auf S. 51 ff. dieser Arbeit.

Drittkultur getroffen und die Führungsstäbe beider Unternehmen hinreichend über die Komplexität der Aufgabe informiert werden. Erst dann kann in der Postmerger-Phase die erfolgreiche Fusion der Unternehmenskulturen durch Aufbau einer Dritt-kultur verfolgt und umfassend an die Belegschaft kommuniziert werden. Wie diese äußerst umfangreiche Aufgabe vom Integrationsmanagement befriedigend gelöst werden kann, soll im folgenden Kapitel dargelegt werden.

5. Erfolgreiche Fusion der Unternehmenskulturen

In diesem Kapitel wird erklärt, wie der Aufbau einer langfristig erfolgreichen Drittkultur im Rahmen einer internationalen, horizontalen Megafusion – pars pro toto -
bewerkstelligt werden kann. Dabei wird der Idealfall geschildert. Da jede Fusion
einen spezifischen Einzelfall darstellt, somit individuell zu betrachten ist und weil
Fusionserfahrung keinen signifikanten Einfluss auf den Fusionserfolg hat, können
hier nur allgemeine Richtlinien und Verhaltensmaßstäbe erarbeitet werden. Diese
müssen dem Einzelfall entsprechend modifiziert werden. Der Schwerpunkt liegt auf
dem kulturellen Fusionsprozess – harte Faktoren wie die Integration der Finanz-
systeme, Koordination der Produktionsabläufe u.ä. bleiben dabei bewusst unbe-
rücksichtigt und würden den Rahmen dieser Arbeit sprengen.

5.1 Hauptakteure beim Aufbau einer internationalen Drittkultur

5.1.1 Unternehmensführung

Der Unternehmensführung kommt im Fusionsprozess zentrale Bedeutung zu. Sie
beschließt die Fusion und die mit ihr verfolgten Ziele, wählt den Fusionspartner aus
und trägt die volle Verantwortung für das Wohl des Unternehmens und seiner Mitarbeiter. Zudem muss sie der Belegschaft den Sinn und die Notwendigkeit der Fusion vermitteln.[375] Dabei ist es *„Führungskräften nicht freigestellt, ob sie kommunizieren wollen oder nicht. Sie haben nur die Wahl, wie stark sie auf das, was sie
kommunizieren, Einfluß nehmen wollen."*[376] Verbale und nonverbale Kommunikation der Führungskräfte wird von Mitarbeitern gedeutet und dient ihnen als Orientie-
rungshilfe in den Krisenzeiten einer Fusion. Diese Orientierung an Führungskräften
hat nach Sackmann drei Gründe:

---

[375] Dyllick sieht generell die unmittelbare Hauptaufgabe des Managements im Vermitteln von Sinn;
vgl. Dyllick (1998), S. 6 f.
[376] Schein (1986), S. 23.

1.) Führungskräfte personifizieren ihr Unternehmen. Sie machen es für Mitarbeiter greifbar und mehr oder weniger verständlich. Ihr Verhalten symbolisiert das einer im Unternehmen „erfolgreich überlebenden" Person.

2.) Führungskräfte haben disziplinarische Macht über ihre Mitarbeiter.

3.) Führungskräfte haben Vorbildfunktion und können ein hohes Maß an Identifikation bei den Mitarbeitern erzeugen.[377]

Sackmann schließt: *„Führungskräfte vermitteln, schaffen und sind Bestandteil der kulturellen Realität."*[378] Die von ihnen vermittelten Normen und Werte sowie ihr Verhalten werden von den Mitarbeitern genau betrachtet, verinnerlicht und imitiert.[379] Sie beeinflussen und prägen damit erheblich die Unternehmenskultur. Chromy und Stork fordern deshalb zur Schaffung eines breiten Basiskonsens als auch zur Stärkung einer gemeinsamen Drittkultur ein „kulturbewusstes Management", das die kognitive, affektive und konative Ebene der verschmelzenden Unternehmenskulturen umfassend berücksichtigt und weiterentwickelt. Es ist als *„Schaffer, Vermittler und Anker der neuen Unternehmenskultur"*[380] von zentraler Bedeutung für die erfolgreiche Fusion der Unternehmenskulturen.

5.1.2 Personalabteilung

Besonders betroffen durch eine Fusion ist die Personalabteilung. Sie wird mit dem Auftreten des Merger-Syndroms konfrontiert: Angst vor Arbeitsplatzverlust und Degradierung, nachlassende Arbeitsqualität und Motivation, innere Kündigung, erhöhte Abwesenheits- und Fluktuationsrate etc. Die dadurch verursachten versteckten Kosten bedingen weitere personalwirtschaftliche Kosten wie Trennungs-, Wiederbeschaffungs- und Trainingskosten.[381] Durchschnittlich ist bei einer Fusion durch Übernahme ein Führungskräfteverlust von 25% im ersten Jahr und knapp 60% nach fünf Jahren zu erwarten. Eine empirische Erhebung der Personalberatung Egon Zehnder wies nach, dass von den Mitarbeitern des übernommenen Unter-

---

[377] Vgl. Sackmann (1990), S. 179.
[378] Dies., S. 180; vgl. dazu auch Kahle (1991), S. 28.
[379] Vgl. zu deren Vorbildfunktion Grunwald (1995), S. 98.
[380] Chromy/Stork (1999), S. 136.

nehmens im Durchschnitt lediglich 5% entlassen wurden, 66% hingegen aus eigenem Antrieb gingen.[382] Um diese Symptome an der Wurzel zu bekämpfen, muss die Personalabteilung schon in der Premerger-, spätestens aber in der Merger-Phase entscheiden, wie viele Mitarbeiter das neue Unternehmen benötigt, wer gehalten und wer entlassen werden soll. Diese Entscheidung muss schnell getroffen und im Anschluss offen, fair und zügig kommuniziert werden: *„Die Ankündigung eines Abbauplanes, der mit Hilfe frühzeitiger Pensionierungen, Abfindungen, Versetzungen, Outplacement und eines Sozialplans vollzogen wird, wird die Mitarbeiter nicht so sehr beunruhigen wie die bloße Ankündigung von mehreren hundert Entlassungen. Wenn die Mitarbeiter die unternehmerischen Maßnahmen verstehen, ist die Chance größer, daß sie sich kooperativ verhalten."[383]* So können besonders wertvolle Mitarbeiter durch eine strategische Personalplanung gehalten werden. Zudem wird die Unsicherheit der „Verbliebenen" reduziert und ihre Einstellung zur Fusion verbessert sowie potentielle Mitarbeiter nicht durch unfaire Maßnahmen abgeschreckt. Die zu entlassenden Mitarbeiter müssen durch individuelles Bewerbungscoaching und, wenn möglich, durch Weitervermittlung an andere Unternehmen unterstützt werden.[384]

Das Schaffen von Sicherheit und Vertrauen sind die zentralen Aufgaben der Personalabteilung.[385] Um den künftigen Unternehmenserfolg zu garantieren, muss besonders die Besetzung von interkulturellen Schnittstellen durch adäquate, interkulturell kompetente Mitarbeiter erfolgen. Dazu ist es zwingend notwendig, dass der Personalbereich schon frühzeitig von den Fusionsplänen der Unternehmensführung informiert wird, um nicht *„hinterher für Prozesse verantwortlich zu sein, die er im Vorfeld nicht mitbestimmen und analysieren konnte."[386]*

---

[381] Vgl. Wirtgen (1999), S. 6.
[382] Vgl. ebd.
[383] Gut-Villa (1995), S. 80.
[384] Vgl. weiterführend Hesse/Schwaab (2000), S. 24, 25.
[385] Vgl. Wickel-Kirsch/Kaiser (1999), S. 9, 10; ebenso Friederichs (1999), S. 337.
[386] Jansen/Pohlmann (2000), S. 32.

5.1.3 Interne und externe Öffentlichkeitsarbeit

Ein Bereich der Kommunikationspolitik hat während des Fusionsprozesses besondere Bedeutung: die Öffentlichkeitsarbeit. Die interne Öffentlichkeitsarbeit muss die internen Stakeholder - Mitarbeiter, Management und Eigentümer - umfassend über Gründe, Sinn und Ablauf der Fusion informieren, um die Furcht vor dem Unbekannten zu minimieren und Vertrauen zu schaffen. Kommunikation ist unentbehrlich, um die Mitarbeiter während einer Fusion auf die Ziele des Unternehmens und den gemeinsamen Basiskonsens einzuschwören. In der Premerger-Phase müssen Informationen fundiert, klar und zielgruppenspezifisch vermittelt werden. Dadurch können aufkommende Gerüchte im Kern erstickt werden. In der Merger-Phase muss zügig, ehrlich und eindeutig kommuniziert werden, wer das Unternehmen verlässt und wer bleibt. In der Premerger-Phase schließlich gilt es, Erfolge als auch Rückschläge zu melden und so Vertrauen zu schaffen. In allen Phasen können interne Medien wie Unternehmenszeitschrift, schwarze Bretter, Rundbriefe etc. genutzt werden. Wünschenswert ist die bewusste Förderung von Feedback-Prozessen, um den konstruktiven Austausch mit den Betroffenen zu erhöhen und eine detaillierte Vorstellung vom Fusionsklima zu erhalten.

Neben der internen Öffentlichkeitsarbeit spielt auch die Kommunikation mit externen Stakeholdern eine wichtige Rolle. Die Kommunikation der Fusion über die Medien nach außen verstärkt die Akzeptanz der Fusion durch die externen Stakeholder.[387] Aber auch für die Mitarbeiter wirkt sie wegen ihrer Reichweite und Außenwirkung glaubwürdiger als ein Bericht in der Unternehmenszeitung und stärkt so das interne Vertrauen in die Fusion nachhaltig.[388]

Interne und externe Öffentlichkeitsarbeit bekämpfen das Merger-Syndrom an der Wurzel und können erhöhte Fluktuation, innere Kündigung und sinkende Arbeitsmoral verhindern.

---

[387] Vgl. Henckel von Donnersmarck/Schatz (1999), S. 17.
[388] Vgl. Diekhof (2000), S. 60.

5.1.4 Externe Unternehmensberater

Der Einsatz von externen Unternehmensberatern hat für fusionierende Unternehmen aus drei Gründen besonderes Gewicht. Zum einen besitzen sie den nötigen Abstand, um als Außenstehende die fusionierenden Unternehmenskulturen identifizieren und beurteilen zu können. Mit anderen Worten: Sie sind nicht betriebsblind. Zum anderen ist ihre neutrale Position hilfreich beim Vermitteln, Dolmetschen und Moderieren zwischen den verschmelzenden Kulturen. Drittens haben sie in der Regel besseren Zugang zu unternehmensexternen Informationsquellen, die zur Lagebeurteilung und Entscheidungsfindung unerlässlich sind. Der Einsatz von externen Unternehmensberatern ist in allen drei Fusionsphasen sinnvoll und hilfreich. In der Premerger-Phase helfen sie als außenstehende Beobachter, die Unternehmenskultur des fusionswilligen Unternehmens zu identifizieren und zu klassifizieren. Zudem können sie aufgrund ihrer Erfahrung und besonderen Zuganges zu notwendigen Informationen im Anschluss bei der Auswahl eines passenden Fusionspartners zur Seite stehen. In der Merger- und Premerger-Phase unterstützen sie die verschmelzenden Unternehmen durch die Bildung von Steuerungskomitees, die neutrale Moderation bei Workshops und interkulturelles Training der Mitarbeiter. Sie sind gut damit beraten, ihre neutrale Position unbedingt zu wahren. Dies stellt Jürgen Schreiber von der Frankfurter Managementberatung Hirzel Leder & Partner (HLP) zutreffend fest: *„Ich bin keine Partei, das ist eindeutig Teil des Auftrags."*[389] Er muss dem latenten Sog des Auftraggebers standhalten und darf dabei nicht den Fehler machen, krampfhaft einen Konsens – etwa bei Orientierungsworkshops – zu forcieren. Vielmehr liegt die Aufgabe externer Berater im glaubwürdigen Dolmetschen zwischen den unterschiedlichen Unternehmenskulturen.[390] Um die Betroffenen zur Akzeptanz der Fusion zu bewegen, müssen die Verantwortlichen das Gespräch suchen.[391]

Vor dem Hintergrund dieser Arbeit wird der Einsatz externer Berater nur in Bezug auf die kulturelle Fusion betrachtet. Finanzielle oder juristische Beratungstätigkeit

---

[389] Zitiert nach Zander (2000), S. 44.
[390] Vgl. ebd.

haben ihre Existenzberechtigung, sind hier aber nicht von Belang. Wichtig ist, dass externe Berater erfolgsabhängig entlohnt werden, um ihr Interesse am langfristigen Gelingen der Fusion zu verstärken. Dies kann auch durch ein Basisgehalt gekoppelt mit erfolgsabhängiger Prämienzahlung erfolgen.

Während des gesamten Fusionsprozesses ist konstruktive Zusammenarbeit der hier angeführten Hauptakteure von zentraler Bedeutung für den Fusionserfolg. Welche Maßnahmen von ihnen in jeder Phase zu ergreifen sind, um einen möglichst reibungslosen und effektiven Aufbau einer gemeinsamen Drittkultur zu gewährleisten, soll nun betrachtet werden.

5.2 Unternehmenskultureller Prozessablauf einer Fusion

5.2.1 Premerger-Phase: Planung

Die Premerger-Phase beinhaltet die Planung des Fusionsvorhabens und des Fusionsprozesses. Je intensiver diese ist, desto eher können Konflikte in folgenden Phasen vermieden werden. Es gibt zudem eine Vielzahl von Prozessvariablen, die erst im Verlauf der Fusion zum Tragen kommen und in der Premerger-Phase nicht abschließend berücksichtigt werden können. Unerlässlich sind strukturelle und organisatorische Bestandsaufnahme des eigenen Unternehmens; hier soll allein die unternehmens- und landeskulturelle Untersuchung betrachtet werden. Nur wer das eigene Unternehmen und seine Kultur genau kennt, kann nach einem geeigneten Fusionspartner suchen. Diese Recherche muss durch eine kulturelle Analyse möglicher Verschmelzungskandidaten begleitet werden. Erst, wenn das unternehmens- und landeskulturelle Profil des Gegenübers identifiziert und als passend beurteilt ist, kann gezielt ein vorläufiger Integrationsplan erstellt werden, der den Prozessverlauf der kulturellen Fusion vorgibt. Im Anschluss werden erste Paritätsmodelle zur ausgeglichenen und den kulturellen Austausch fördernden Neubesetzung wichtiger Positionen des neuen Fusionsunternehmens entwickelt. Diese Schritte werden nun eingehend untersucht.

---

[391] Vgl. Dielmann (2000), S. 479.

5.2.1.1 Bestimmung der eigenen Unternehmens- und Landeskultur: Ist-Analyse

Jedes Unternehmen sollte ein klares und selbstreflektiertes Bild von der eigenen Unternehmens- und Landeskultur besitzen, unabhängig davon, ob es fusionieren möchte oder nicht. Vor dem Hintergrund der kulturellen Verschmelzung erhält diese Forderung aber besondere Bedeutung. Deswegen ist es unerlässlich, dezidiert die eigene Unternehmenskultur zu identifizieren (Ist-Analyse), bevor die Konfrontation mit einer fremden stattfindet. Hilfreich bei dieser Aufgabe sind externe Unternehmensberater, die als Außenstehende nicht „betriebsblind" sind und hinreichende Erfahrung mit der Unternehmenskulturanalyse besitzen.

Die Ist-Analyse muss sämtliche kulturellen Ebenen berücksichtigen: die Werte und Normen, Verhaltensweisen und Artefakte. Dazu muss sie in Anlehnung an Schein auf der verdeckten, untersten Ebene ansetzen – den Grundüberzeugungen. Anders als schriftlich fixierte Normen oder Artefakte entziehen diese sich einer unmittelbaren Betrachtung. Sie können auch nicht mit Hilfe standardisierter Befragungstechniken ermittelt werden, da diese nur Werte und Einstellungen ans Licht fördern, die der Kulturanalyst prinzipiell schon kennt.[392]

Voigt schlägt deshalb überzeugend vor, zunächst mit offenen, narrativen Interviews zu beginnen. In ihnen werden Mitglieder des Unternehmens aufgefordert, Erlebnisse aus dem Unternehmensalltag möglichst unbeeinflusst und ohne reglementierte Fragestellung zu erzählen. Erst auf Basis dieser Interviewergebnisse bezüglich der Grundüberzeugungen kann ein standardisierter Fragebogen entwickelt werden, der auf die spezielle Unternehmenssituation zugeschnitten ist und die Werte und Normen zutage fördert.[393] Die Ergebnisse dieser schriftlichen Befragung möglichst aller Unternehmensmitglieder[394] müssen hinsichtlich der Gemeinsamkeiten und Unterschiede ausgewertet werden.

Bei Berücksichtigung des Unternehmensbereiches, dem die Befragten entstammen, lassen sich mögliche Subkulturen mit eigenen Wertsystemen, aber auch un-

---

[392] So auch Osterloh (1989), S. 156.
[393] Vgl. Voigt (1996), S. 48 f.

ternehmensübergreifende Einstellungen identifizieren. Interessant dürften auch die Antworten relativ neuer Unternehmensmitglieder sein. Zwar bewegen sie sich noch nicht lange in der Unternehmenskultur, besitzen dadurch aber mehr Abstand und können reflektierter über die Eigenarten des Unternehmens berichten. Diese Analyse der kognitiven Ebene muss durch Untersuchungen der affektiven und der konativen Ebene ergänzt werden. Sinnvoll sind dazu etwa die Beobachtung von Sitzungen, Firmengesprächen und Präsentationen. Dabei muss der Analyst acht geben, dass er nicht Teil der Beobachtung wird. Eine „verdeckte Ermittlung", in der er sich entweder nicht als Forscher zu erkennen gibt oder Aufzeichnungen von Überwachungskameras analysiert, klingt drastisch und übertrieben, kann aber äußerst sinnvoll bei der Analyse der Verhaltensweisen sein. Firmenrundgänge, in denen die Architektur des Unternehmens (Sitz der Unternehmensführung, hierarchische oder kommunikative Raumverteilung, Großraum- oder Einzelbüros, gemeinsame oder getrennte Kantine, etc.) aufgezeichnet wird, geben Aufschluss über die Artefakte eines Unternehmens. Analysen des Firmenlogos, des Schriftverkehrs, des Fuhrparks, der Kleiderordnung, etc. runden die Analyse der eigenen Unternehmenskultur ab.

Es bleibt zu bemerken, dass die hier aufgezählten Ansatzpunkte als Anregungen und Leitfaden dienen sollen, aber keinen Anspruch auf Vollständigkeit erheben. Sie müssen dem Einzelfall entsprechend ergänzt bzw. modifiziert werden.

In einem zweiten Schritt der Kulturanalyse müssen die Unternehmenskultur und ihr immanente Subkulturen beurteilt und bewertet werden.

Dazu ist zunächst zu untersuchen, ob es sich um eine starke oder schwache Unternehmenskultur handelt: Prägnanz, Anzahl der sie teilenden Unternehmensmitglieder und ihre handlungsbestimmende Wirkung im Unternehmensalltag sind dabei ausschlaggebend. Hierzu geben die Befragungsergebnisse und die Beobachtung der Verhaltensweisen Aufschluss. Bei einer Fusion wirft gerade eine starke

---

[394] Dies ist der Idealfall. Dem Verfasser ist bewusst, dass insbesondere bei einer Megafusion der Umfang, Zeitaufwand und die Kosten einer solchen Befragung für Stichproben-Interviews sprechen können.

Unternehmenskultur Probleme auf: Sie erweist sich als besonders wandlungsresistent und inflexibel. Die Konfrontation und Verschmelzung mit einer anderen Kultur kann verheerende Folgen haben. Plötzlich werden die internalisierten und tradierten Grundwerte in Frage gestellt. Deswegen ist besonders bei starken Unternehmenskulturen darauf zu achten, dass die Kultur des Fusionspartners nicht fundamental anders ist – insbesondere, wenn auch sie stark ist. Eine schwache Unternehmenskultur ist offener für Wandel und eher zur Fusion bereit. Dafür verbindet sie aber die Unternehmensmitglieder in solch einer Krise nicht. Einzelkämpfe und Machtstreitigkeiten sind wahrscheinlicher. Zudem gilt: Je schwächer eine Unternehmenskultur ist, desto eher bilden sich Subkulturen. Sie müssen zusätzlich in eine neue Drittkultur integriert werden.

Nach der Bewertung der Stärke oder Schwäche der eigenen Unternehmenskultur und der Identifizierung vorhandener Subkulturen muss die Typologisierung erfolgen. Es bleibt dem Analysten überlassen, ob er eine einfache und übersichtliche, dafür aber undetaillierte und grobe Typologisierung präferiert, wie Deal und Kennedy sie vorschlagen, oder ob er sich für eine multidimensionale, situationsspezifische Erfassung wie die Rühlis entscheidet. Generell gilt, dass bei der Analyse der eigenen als auch der fremden Kultur dieselbe Typologisierung verwendet wird, um Vergleichbarkeit überhaupt erst zu ermöglichen.

Neben die Analyse der Unternehmenskultur tritt die Untersuchung der Regionalkultur, bei internationalen Fusionen vor allem die der Landeskultur und der Kulturregion. Da die Analyse der eigenen Landeskultur und Kulturregion extrem arbeits- und zeitintensiv ist und zudem der nötige Abstand fehlt, ist hier auf empirisch belegte Befunde, etwa der kulturvergleichenden Managementlehre, zurückzugreifen. Hier bieten sich m.E. besonders die vorgestellten Arbeiten von Hofstede, Trompenaars und Hall an. Sie ermöglichen es, die eigenen nationalen Besonderheiten mit anderen Augen zu sehen und sich darüber bewusst zu werden, wie das eigene, scheinbar so „normale" Verhalten Ausländern vorkommen muss. Dies kann m.E. ergänzt werden durch Befragungen von Mitarbeitern, die einer anderen Ethnokultur entstammen (bspw. indische Mitarbeiter) und ihre Erfahrungen im deutschen Unternehmen mit ganz anderem Abstand schildern können. Sinnvoll ist vor einer internationalen Fusion auch die Prüfung der interkulturellen Kompetenz. Hat das Unternehmen, haben einzelne Mitarbeiter schon Auslandserfahrung gesammelt? Gibt es Führungskräfte oder Mitarbeiter, die – durch ihre Position oder ihr Profil - besonders für interkulturelles Training geeignet sind und ihre Erfahrungen als Multiplikatoren an die übrige Belegschaft weitergeben können?

5.2.1.2 Partnerwahl: Cultural Due Diligence

Nachdem die Unternehmens- und Landeskultur des eigenen Betriebes festgestellt wurde, muss nach einem passenden Fusionspartner gesucht werden. In Anlehnung an die etablierte und unerlässliche Due Diligence-Prüfung des finanziellen, organisatorischen, strukturellen und rechtlichen Profils potentieller Partner wird von immer mehr Autoren auch eine „Cultural Due Diligence"-Prüfung gefordert.[395] Sie umfasst die Prüfung der Unternehmens- und Landeskultur des Partners sowie ihre Kompatibilität mit der eigenen Kultur und bildet die zwingend notwendige Basis für die kulturelle Fusion der Unternehmen.[396] Analog zur Due Diligence gilt für die Cultural Due Diligence, dass sie im Wesentlichen von den zur Verfügung stehenden Informationen über den Fusionspartner abhängt. Diese Informationen sind nur partiell verfügbar. Die oberste kulturelle Ebene Scheins, die Artefakte, sind noch am leichtesten für Außenstehende zu evaluieren. Werte und Normen sowie ihr Ursprung, die gemeinsamen Grundüberzeugungen eines Unternehmens, können nur durch Einwilligung und Mithilfe des Fusionspartners ermittelt werden. Dieser muss deswegen dieselbe Methode zur Evaluation und Typologisierung verwenden, damit Vergleichbarkeit geschaffen wird. Hier schon beginnen die Kooperation und der Aufbau von Vertrauen zwischen den potentiellen Fusionspartnern; undenkbar bei einer feindlichen Übernahme. Dasselbe gilt für die Spezifizierung der Regional-, Landeskultur und der Kulturregion, die das fremde Unternehmen umgeben. Letzte-

---

[395] Vgl. etwa Hunt/Downing (1990), S. 195 f.; vgl. Forstmann (1998), S. 57 f.; vgl. Althauser/Tonscheidt-Göstl (1999), S. 40 f.; vgl. Hilb (2000), S. 45; vgl. Stahl (2001), S. 70.
[396] Vgl. Stahl (2001), S. 70.

res ist gut beraten, dazu ebenfalls auf aktuelle empirische Befunde der einschlägigen Forschung zurückzugreifen. Der Vergleich der Ergebnisse der unternehmens- und landeskulturellen Unterschiede und Gemeinsamkeiten bildet den Abschluss der Cultural Due Diligence. Er schafft Klarheit darüber, ob beide Unternehmen zur Fusion geeignet sind, auf welchen Gemeinsamkeiten eine Drittkultur aufgebaut werden kann und welche Unterschiede zu beachten sind. Ein Zuviel an Unterschieden schafft kein Innovationspotential, sondern Chaos. Dann droht das Scheitern der Fusion. Zwar führte in der bisherigen Fusionspraxis mangelnde Verträglichkeit der verschmelzenden Kulturen selten dazu, dass von einer Fusion abgesehen wurde.[397] Dieser Standpunkt sollte m.E. jedoch gründlich überdacht und revidiert werden.

5.2.1.3 Entwicklung eines Stufen-Integrationsplans

Ist die eigene Unternehmens- und Landeskultur identifiziert und belegt und sind passende Fusionspartner durch deren Mitarbeit ausgewählt worden, folgt der nächste Schritt: die Entwicklung eines ersten Stufen-Integrationsplans. Mit ihm wird der Grundstein für die weitere Integrationsarbeit und deren Erfolg in der Merger- und Premerger-Phase gelegt. Die so frühe Entwicklung von Vorstellungen bezüglich der Integrationsschritte und der sie ermöglichenden Instrumente erleichtert den Zugang zu späteren Phasen. Zudem schafft sie eine Basis, die in Vergleich und Einigung mit dem potentiellen Partner in der Merger-Phase äußerst hilfreich ist. Der Integrationsplan spart Zeit dort, wo sie knapp ist: in der kurzen und „heißen" Phase des Vertragsabschlusses und unmittelbar danach, wenn dem Fusionsprozess auf dem Papier der in der Realität folgt. Fragen, die ein solcher Plan berücksichtigen muss, können bspw. lauten:

- Welche neue Drittkultur soll angestrebt werden? Aus welchen Teilen? In welchen Schritten?
- Welche Kooperationsregeln sollen gelten?

Eine Ausnahme bildet die geplatzte Fusion von Monsanto und American Home Products. Vgl. mit weiterem Nachweis ebd.

- Welche Zeitpläne sollen zugrunde liegen? Welche Etappen gilt es, in welcher Reihenfolge zu erreichen und zu kommunizieren?
- Welche Standorte sind von besonderer Bedeutung für die Fusion? Wie werden diese berücksichtigt?
- Wo könnte der Vertrag unterzeichnet werden – an einem neutralen Ort in der geografischen Mitte zwischen beiden Unternehmen?
- Welchen Namen soll das neue Unternehmen tragen?
- Wo soll das neue Hauptquartier eingerichtet werden? Gibt es ein gemeinsames oder zwei getrennte Hauptquartiere?

Die frühe Berücksichtigung und Klärung dieser Fragen ermöglicht es, einen ersten, grundlegenden Integrationsplan zu entwerfen und die einzelnen Integrationsstufen im Zeitablauf festzulegen. In Absprache mit dem Partnerunternehmen müssen dann in der Merger-Phase beide Integrationspläne modifiziert und zu einem dritten, übergreifenden verbunden werden.

5.2.1.4 Entwicklung von Paritätsmodellen

Das Ziel jeglicher Fusion ist die Synthese zweier zuvor unabhängiger Unternehmen. Dabei sind zwei Extreme vorstellbar. Entweder findet eine wirkliche Verschmelzung nicht statt. Beide Unternehmen koexistieren, locker bis kaum miteinander verbunden, unter einer gemeinsamen Dachorganisation. Jeweilige Kultur, Struktur und Strategie bleiben intakt und unbeeinflusst. Dies ist am ehesten möglich, wenn sich die Aktivitäten beider Unternehmen wenig oder kaum überschneiden – warum sie dann überhaupt fusionieren, sei dahingestellt; Synergieeffekte können zumindest kein Grund sein. Dieser Fall liegt bei einer konglomeraten Fusion, insbesondere durch Übernahme, vor. Im anderen Extrem findet eine totale Verschmelzung statt. Beide Unternehmen geben ihre Kultur, Struktur und Strategie auf, um sie in einem neuen Drittunternehmen zu vereinen. Dies ist vonnöten bei einer horizontalen Fusion durch Verschmelzung, insbesondere unter Gleichen. Da dieser Fall erfolgversprechender, aber auch komplizierter ist, weil nicht der leichte, ggfs. schlechtere Weg genommen wird, soll er im Folgenden fokussiert werden.

Da beide Parteien sich als ebenbürtig betrachten, ist die Startkonfiguration des fusionierten Unternehmens von Parität gekennzeichnet. Jegliche Dominanz einer Partei wird vermieden. Anzahl der Managementpositionen, Besetzung des Top Management, Vorstandsvorsitz, neue Investitionen, Sitz des Hauptquartiers, Besetzung der Schlüsselpositionen – alle streitbaren Posten werden gleichmäßig verteilt und um den Preis erhöhter Kosten teils verdoppelt. Deswegen entstehen oftmals zwei Hauptquartiere (in jedem Land eins). Wenn man sich doch für eins entscheidet, so wird dieses meist in der geografischen Mitte zwischen beiden Unternehmen errichtet. Oftmals erscheint auch die Existenz nur eines Vorstandsvorsitzenden als einseitiges Diktat. Deswegen gibt es nach einer Fusion oft zwei CEOs, wie im Fall DaimlerChrysler Jürgen Schrempp und Bob Eaton. Hier zeigt sich auch eine beliebte Lösung, die Namensfrage zu klären: aus beiden alten Namen wird ein neuer geschmolzen. Die Alternative ist die völlige Aufgabe der alten und Wahl eines gänzlich neuen Namens. Olie bringt die hier auftretenden Probleme und ihre teils absurden Lösungen auf den Punkt: „*Paradoxically, in contrast with the goal behind every merger of creating a new common identity which will be profitable to both, both parties tend to think in terms of separate entities with diverging interests and – sometimes – opposing goals rather than in terms of cooperation in order to achieve this higher goal.*"[398] Hieraus wird deutlich, dass numerische Parität ineffizient sein kann. Da es unwahrscheinlich ist, dass beide Unternehmen ausgeglichen kompetente und talentierte Führungskräfte aufweisen, kann die internationale Fusion unter einem einzig nach Ausgleich aufgestellten Top Management leiden. Es hilft nichts, die Führungsebene doppelt zu besetzen. Dies führt nur dazu, dass gemeinsame Aufgaben unnötig zersplittern und auf mehr Entscheider als nötig verteilt werden. Ergo müssen die ersetzbaren Mitglieder entlassen werden. Solange keine Einigkeit der Führungsmannschaft geschaffen ist, wird eher in Konkurrenzdenken als in Kooperationsstreben verfallen. Parität mag eine kurzfristige Lösung darstellen und den Willen zu Gleichheit symbolisieren. Sie ist aber keine Dauerlösung, da sie zu Ineffizienz führt. Sie sollte idealerweise im Verlauf der Premerger-

---

[398] Olie (1990), S. 213.

Phase durch das Gefühl von Balance ersetzt werden, das nicht so sehr von einer mathematisch genauen Ausgeglichenheit etwa der Belegschaft geprägt ist, sondern von der Überzeugung, dass beide alten Betriebe im neuen Unternehmen gleichwertig vertreten sind und keine wesentlichen Interessen eines Fusionspartners schlicht ignoriert werden. Die Entscheidung für einen Vorstandsvorsitzenden muss nicht zwingend Ungerechtigkeit bedeuten. Sie kann ein weiterer Schritt zu einer gelebten Integration sein. Dies gilt auch für die Wahl eines gemeinsamen Namens und eines übergreifenden Management-Entwicklungsprogramms. Da bei einer internationalen Fusion davon auszugehen ist, dass landeskulturelle Unterschiede – anders als unternehmenskulturelle – definitiv fortbestehen, kann ein doppeltes Hauptquartier die Binationalität des Unternehmens unterstreichen und hilfreich sein.

Zusammenfassend bleibt festzuhalten, dass Konflikte über gerechte und ausgeglichene Kooperation keine Frage von Monaten, sondern von Jahren sind. Das Errichten von Parität im neuen Unternehmen ist der erste Schritt, um diese Konflikte beizulegen. Er ist aber nicht endgültig. Erst, wenn sich ein tief empfundenes Gefühl der Balance bei allen Betroffenen einstellt, ist diese Herausforderung gemeistert.

5.2.2 Merger-Phase: Durchführung

Die Merger-Phase beginnt mit der verstärkten Kontaktaufnahme zum „passendsten" aller Fusionspartner, die in der Premergerphase nach erster Absprache eine vergleichbare Cultural Due Diligence durchgeführt und dadurch Vertrauenswürdigkeit und echtes Fusionsinteresse bewiesen haben. Stellt sich im gemeinsamen Abgleich der Kulturen heraus, dass deren Gemeinsamkeiten überwiegen und die Unterschiede innovations- und flexibilitätsfördernd sind, sollten sich beide Unternehmen für die Fusion entscheiden. Nun müssen die jeweiligen Stufen-Integrationspläne und Paritätsmodelle miteinander verglichen und koordiniert werden. Die Kommunikation an interne und externe Stakeholder wird geplant. Gezielte Informationen an die Führungskräfte sind vonnöten. Es folgen erste Integrationsmaßnahmen wie die Bildung von Integrationsteams, die Einrichtung einer zentralen Informationsstelle und Fusions-Workshops. Zudem kann bei einer internationalen Fusion mit der Entscheidung für den Partner und dessen Landeskultur gezielt mit interkulturellem Training begonnen werden. Desweiteren müssen erste Schritte zu einer anzustrebenden Soll-Kultur beider Unternehmen gemacht werden. Den Abschluss der Merger-Phase bildet der Vertragsabschluss. Generell gilt, dass nicht nur dieser, sondern sämtliche Schritte der Durchführung auf neutralem Boden geschehen sollten. Hierzu ist bspw. das Mieten von Seminarräumen in geografischer Mittellage denkbar. Zudem sollten alle bedeutenden Schritte gemeinsam erarbeitet werden. Teilaufgaben können dann in Eigenregie jedes Unternehmens an seinem alten Standort gelöst werden.

5.2.2.1 Festlegung einer neuen Kulturstrategie: Soll-Analyse

Der gründliche Ergebnisvergleich der Kulturanalysen beider Unternehmen zeigt 1.) **Gemeinsamkeiten und Unterschiede** in Grundüberzeugungen, Werten und Normen sowie Artefakten auf. Zudem eröffnet er 2.) die Möglichkeit, beide Unternehmenskulturen hinsichtlich ihrer **Stärke oder Schwäche** zu vergleichen. Schließlich ist 3.) die Zahl und Ausprägung von **Subkulturen** in beiden Unternehmen von entscheidender Bedeutung für den weiteren kulturellen Fusionsprozess. Auf der Grundlage der Ergebnisse dieser drei zentralen Fragen muss Klarheit geschaffen werden, welche neue Drittkultur als Ersatz und Bindeglied kreiert werden soll. Dabei gilt es hinsichtlich der drei Fragen Entscheidunsschwerpunkte zu setzen:

Zu 1.): Welche Gemeinsamkeiten können ausgebaut und kommuniziert werden? Welche Unterschiede sollen fortbestehen, weil sie die Drittkultur flexibel und innovationsfreudig halten? Welche müssen angeglichen werden, bzw. von welchen kulturellen Eigenheiten muss man sich durch die Fusion trennen?

Zu 2.) Sind beide Unternehmenskulturen gleich stark oder gleich schwach? Wenn nicht, wie kann dann dieses Intensitätsgefälle in einer Drittkultur aufgehoben werden? Oder: Wie kann eine schwache Unternehmenskultur von der Stärke der anderen durch Aufbau einer vereinend starken Drittkultur profitieren?

Zu 3.): Wieviele und wie starke Subkulturen gibt es in jedem Unternehmen? Weisen diese Gemeinsamkeiten auf, weil in sich überlappenden Unternehmensbereichen der Betriebe ähnliche bereichstypische Subkulturen entstanden sind? Kann der erste kulturelle Kontakt durch die Verbindung ähnlicher Subkulturen und die Vermittlung zwischen ihnen erleichtert werden? Wird die neue Drittkultur auf Integration der Subkulturen angelegt? Oder sollen sie innerhalb und parallel zu ihr unangetastet koexistieren?

Zudem gilt es, sich auf einen gemeinsamen Namen zu einigen - eine äußerst symbolträchtige Entscheidung. Vorteile bei der Wahl eines Namenskonglomerats wie bspw. „DaimlerChrysler" sind der Wiedererkennungswert bei internen und externen Stakeholdern. Nachteilig ist, dass so schon im Namen die zukünftige Koexistenz beider Unternehmenskulturen festgeschrieben ist. Dies kann die Wandlungsresistenz der Belegschaft verstärken. Vorteile beim Schaffen eines völlig neuen Namens ist die Verhinderung solcher Verhaftung in der Vergangenheit und das innovative Postulat eines gemeinsamen Neuanfangs. Nachteilig ist, das sich das Gefühl der Belegschaft, ungewollt und ungefragt in ein völlig neues Unternehmen gewechselt zu sein, verstärkt. Der nicht vorhandene Wiedererkennungswert ist auch problematisch im Umgang mit externen Stakeholdern: der neue Name muss von Grund auf etabliert werden. Die Wahl des Namens wird im Einzelfall je nach Präferenzen entschieden. Anschließend ist sie durch ein gemeinsames Logo zu festigen, dass unmittelbar nach Vertragsabschluss in in- und externen Medien kommuniziert werden muss, um die Tatsache und Ernsthaftigkeit der Fusion zu verdeutlichen.

Es darf nicht vergessen werden, dass eine Drittkultur sich nicht einfach im „Baukastenprinzip" erstellen lässt. Dazu ist die Aufgabe zu komplex und im Prozessverlauf dynamisch. Sie ist nur langfristig über Jahre nach dem Vertragsabschluss zu lösen. Die Festlegung einer neuen Kulturstrategie als anzustrebende Soll-Kultur kann nur grundsätzliche Einigung zwischen den Unternehmen *vor* der Unterzeichnung erbringen. Sie schafft die Rahmenbedingungen, eine gemeinsame kulturelle Bandbreite, in der künftige Entwicklungen oszilieren müssen, sollen sie erfolgreich

beim Aufbau einer Drittkultur sein. So stellt Krystek zutreffend fest: „*Kulturgestal-*
tung ist insgesamt nur einer partiellen Einflußnahme durch das Management zu-
gänglich. Für die kulturelle Gestaltung erscheint demnach die Definition einer kul-
turspezifischen Bandbreite realistisch, innerhalb derer sich eine impulsgelenkte
Evolution vollzieht, die Ausdruck der Kompensation zwischen Beharrung und An-
passung [...] ist."[399]

5.2.2.2 Verschmelzung der Stufen-Integrationspläne

Im Anschluss an die Festlegung einer Drittkultur-Strategie erfolgen Vergleich und
Verschmelzung der Stufen-Integrationspläne, die jedes Unternehmen in der Premerger-Phase entwickelt hat. Sie zeichnen den Weg, der zur erfolgreichen kulturellen Fusion durch Schaffung einer Drittkultur beschritten werden muss. Dabei sind
Etappenziele festzulegen, die die Orientierung im und die Evaluation des Prozess-
verlaufs vereinfachen. Solche Etappenziele können sein:

1.) Veröffentlichung des neuen Unternehmensnamens und Führungsspitze;

2.) Erstellen eines umfassenden Kommunikationsplans;

3.) Einrichtung einer gemeinsamen Informationszentrale;

4.) Bildung von Integrationsteams;

5.) Schaffung von Parität;

6.) Verabschiedung eine gemeinsamen Unternehmensleitbildes;

7.) Inter- und unternehmenskulturelle Trainingseinheiten;

8.) Betriebsbesichtigungen durch die Belegschaft beider Unternehmen;

9.) Integrationsworkshops.

Die Festlegung dieser Etappen bedeutet die erste, grundlegende Strukturierung
des Verlaufs der Postmerger-Phase. Sie gilt es zu erreichen, den Etappenerfolg zu
kommunizieren und im Anschluss symbolträchtig zu zelebrieren. So wird das Vertrauen in den Fusionserfolg gestärkt. Die gemeinsame Festlegung eines Zeitplanes
erhöht die Transparenz und ermöglicht die gegenseitige Kontrolle der Fusionspar-
teien. Einige der hier aufgeführten Etappen müssen im Zeitverlauf parallel erreicht

---

[399] Krystek (1992), S. 555.

werden. So begleitet gezielte Information auf allen Ebenen, intern wie extern, den Fusionsverlauf und gibt Auskunft über ihn. Geplante Kommunikation bildet die Voraussetzung für die Veröffentlichung des neuen Namens, der Parität und ihrer Folgen (etwa Entlassungen oder Verbleib im neuen Unternehmen) oder Bekanntgabe des neuen Unternehmensleitbildes.

5.2.2.3 Verschmelzung der Paritätsmodelle

Nun werden die Paritätsmodelle beider Unternehmen verschmolzen. Dabei muss jede Unternehmensführung zusammen mit ihren Experten paritätische Entscheidungen treffen:

1.) **Unternehmensführung und Kommunikationsabteilung:** Sie müssen alternative Namensfavoriten erarbeiten, die Potential zur flächendeckenden Wirkung besitzen und für beide Unternehmen akzeptabel sind. Zudem ist ein gemeinsamer Kommunikationsplan und die Einrichtung einer übergreifenden Informationsstelle zu entwerfen.

2.) **Unternehmensführung und Personalabteilung:** Sie sollten gemeinsam – im oberen und mittleren Management sowie der Belegschaft - besonders wertvolle Mitarbeiter ausmachen, die es zu halten gilt. Weniger kompetente oder integrationsresistente Mitarbeiter können bei Stellendoppelbesetzung als verzichtbar eingestuft werden. Hier entscheidet das Unternehmen, welche personellen Opfer es für die Fusion zu bringen bereit ist und welche nicht.

Im Anschluss an diese unternehmensinterne Arbeit gilt es, mit dem Fusionspartner zusammen die paritätischen Entscheidungen abzugleichen und sich zu einigen. Ein gemeinsamer Name muss gefunden, ein gemeinsamer Kommunikationsplan erstellt und die Entscheidungen über Sitz und Aufbau einer gemeinsamen Informationszentrale getroffen werden. Dann müssen Vorstandsvorsitz (Doppel- oder Einzelspitze) und die Besetzung der neuen Führungsmannschaft geklärt werden. Im Anschluss folgt die Festlegung voraussichtlicher Entlassungen, Neubesetzungen und Kürzung doppelter Stellen. Wie werden neue Investitionen verteilt? Wo sitzt das Hauptquartier? Oder gibt es zwei? Über diese Fragen muss Klarheit bestehen.

Diese Maßnahmen mögen verfrüht erscheinen, sind aber unbedingt vor der Vertragsunterzeichnung zu klären. Sonst kann die Fusion schon in den Anfängen der Postmerger-Phase scheitern.

5.2.2.4 Kommunikationsplan und Einrichtung zentraler Informationsstelle

Kommunikation der Vorhaben, guter und schlechter Nachrichten, Ergebnisse und Abschnitte des Fusionsprozesses an die Unternehmensmitglieder ist bei jeder Fusion zwingend geboten. Im Vordergrund steht die interne Kommunikation, sie muss aber flankierend unterstützt werden durch die externe. Um stets auf einen Orientierungsrahmen für den Inhalt, den Zeitpunkt und die Adressaten der Informationsvermittlung zurückgreifen zu können, wird ein gemeinsamer Kommunikationsplan erarbeitet. Dies geschieht in Kooperation der Unternehmensführungen und eingeweihter Mitglieder ihrer Öffentlichkeitsarbeitsabteilungen. Stahl nennt zwei zentrale Ziele interner Kommunikationsmaßnahmen, die es abzuwägen gilt:

„(1) Vermittlung von Sachinformationen: Begründung des Zusammenschlusses; Erläuterung des geplanten Integrationsverlaufs; Beschreibung der Partnerfirma usw. (kognitive Ebene).

(2) Schaffung von Akzeptanz: Beruhigung der Mitarbeiter; Aufbau von Vertrauen; Schaffung einer positiven Einstellung gegenüber dem Partnerunternehmen usw. (affektive Ebene)."[400]

Zum Erreichen beider Ziele ist ein gutes Timing notwendig. Wer soll zu welchem Zeitpunkt wie genau informiert sein? Hier ist ein stufenweises Informieren in hierarchisch absteigender Richtung zu empfehlen. Am besten und frühesten informiert ist die Führungsspitze; es folgen oberes und mittleres Management. Sie sollten spätestens zu Beginn der Merger-Phase Bescheid wissen. Mit der Unterrichtung der Belegschaft wird aus Geheimhaltungsgründen oftmals bis nach dem Vertragsabschluss gewartet. Die Mitarbeiter erfahren dann durch die Medien statt durch das eigene Unternehmen von „ihrer" Fusion. Dies bedeutet, die Fusion mit einem Fehlstart in Sachen Vertrauensbildung und Eindämmung des Merger-Syndroms zu beginnen. Weitaus besser ist es - wenn auch nur wenige Tage zuvor -, die Mitarbeiter durch einen Ankündigungsbrief gebührend vorzubereiten, bevor die Verschmelzung medial die Runde macht. So werden Gerüchte im Keim erstickt, Vertrauen geschaffen und den Mitarbeitern der Sinn dafür vermittelt, wie unerlässlich ihre Hilfe als Kern des Unternehmens für den Erfolg der Fusion ist. Dabei werden die von Stahl unter (1) angeführten Inhalte vermittelt (kognitiv). Ihre Verinnerlichung hat positive Auswirkungen auf affektiver (Gefühl des Vertrauens) und konativer Ebene (Umgang miteinander).

Ab dem Zeitpunkt der öffentlichen Verkündung der Fusion sind die Unternehmensmitglieder in regelmäßigen Abständen über den Verlauf des Fusionsprozesses zu informieren, bis er abgeschlossen ist. Das geschieht durch eine periodisch erscheinende Fusionszeitschrift, die das bisherige interne Unternehmensorgan, die Mitarbeiterzeitschrift, ergänzt oder ersetzt. Informationen im Intranet, interne Rundmails, Aushänge an schwarzen Brettern, etc. sind weitere Kommunikationsinstrumente. Möglich ist die Einrichtung einer kostenlosen 24h-Telefonhotline für informations- oder hilfesuchende Fusionsbetroffene. Die Organisation von Mitarbeitertreffen für Angestellte der gesamten Unternehmung ist eine willkommene Möglichkeit, Berührungsängste abzubauen, die Fremden kennenzulernen und erste Kontakte zu knüpfen. Zudem können der anwesenden Geschäftsleitung Fragen gestellt werden. Kann aufgrund der immensen Größe der fusionierten Belegschaft aus Platzgründen ein solch gemeinsames Treffen nicht durchgeführt werden, so mag die Unternehmensführung „Road Shows", ähnlich denen von Politikern im Wahlkampf, durchführen. Dies bietet sich besonders bei geografisch weit auseinander liegenden Unternehmenssitzen an. Dabei präsentiert das Top Management das Fusionsvorhaben und stellt sich im Anschluss der Diskussion. So können die Mitarbeiter die Strategien hinter der Verschmelzung kennen lernen und befragen.

---

[400] Stahl (2001), S. 72, 73.

Kommunikationsmittel für Führungskräfte sind regelmäßige Managementkonferenzen.[401]

5.2.2.5 Bildung von Integrationsteams

Um den kulturellen Fusionsprozess voranzutreiben, müssen frühzeitig Integrationsteams gebildet werden. Diese rekrutieren sich paritätisch aus führenden Köpfen der Personalabteilung beider Unternehmen. Die besondere Aufgabe jedes Integrationsteams bestimmt dessen Größe und Zusammensetzung. Solche „Task Forces" können sich etwa mit der Angleichung der Arbeitsverträge oder der Gehälter beschäftigen. Die Einrichtung eines übergreifenden Anreizsystems, um besonders fusionsförderndes Verhalten zu belohnen, kann ein weiteres Team beschäftigen. Arbeits- und Urlaubszeiten, Sozialleistungen, Beförderungspolitik und Personalentwicklung – all dies sind Themen, mit denen sich Integrationsteams auseinander setzen müssen.[402] Periodische Zusammenkünfte aller Teams sind zum Informations- und Erfahrungsaustausch, zur Evaluation des Fusionsverlaufs und zum gemeinsamen Einschwören auf die obersten Ziele der Verschmelzung unerlässlich.

5.2.3 Postmerger-Phase: Integration

Nach dem Vertragsabschluss beginnt die Postmerger-Phase. Sie ist die längste und arbeitsintensivste der drei Phasen. Wurden zuvor grundlegende Einigungen getroffen, Maßnahmen geplant und Verantwortlichkeiten geklärt, gilt es nun, den aufgezeigten Weg zu beschreiten und beide alten Unternehmen in ein neues zu integrieren. Das gemeinsame Paritätsmodell muss verwirklicht und seine Konsequenzen kommuniziert werden. Danach sind Integrations-Workshops einzurichten. Es folgen interkulturelle Trainings für Unternehmensmitglieder, die Schlüsselpositionen im Integrationsverlauf einnehmen. Diese Lerneffekte werden durch anschließende Betriebsführungen untermauert. Die neue Drittkultur, die aufgebaut und

---

[401] Vgl. zu den hier aufgeführten Kommunikationsinstrumenten Gut-Villa (1995), S. 80, 81; zur originellen Idee, ein eigens zum spielerischen Umgang mit der Fusion entwickeltes Computerspiel einzusetzen, vgl. Dietrich (1999), S. 47.
[402] Vgl. Gut-Villa (1995), S. 81; vgl. Dielmann (2000), S. 478.

etabliert werden muss, wird permanent evaluiert und analysiert. Dazu bieten sich Befragungen und Beobachtungen der Belegschaft an. Der die Integration begleitende Kontrollprozess dauert so lange wie die Postmerger-Phase. Diese kann Jahre in Anspruch nehmen.[403] Es zählt das Durchhaltevermögen, nicht das vorschnelle und willkürliche Verkünden vermeintlicher Fusionserfolge. Dabei ist zu berücksichtigen, dass der Integrationsprozess in der Regel zunächst zu Produktivitäts- und Rentabilitätseinbußen führt. Dies liegt an dem erheblichen organisatorischen und finanziellen Aufwand, der mit ihm verbunden ist.

5.2.3.1 Realisation von Paritätsmodell und Kommunikationsplan

Es erfolgt die Verwirklichung der Schritte, die im gemeinsamen Paritätsmodell erarbeitet wurden. Ihr Zweck, ihre Konsequenzen und ihr Verlauf müssen dem Kommunikationsplan entsprechend internen und externen Stakeholdern vermittelt werden. Die Reihenfolge dabei sollte sein:

1.) Bekanntgabe der Fusion: Diese erfolgt über interne und externe Medien an eine möglichst große Zielgruppe. Ihre Ziele, Beweggründe und ihr Verlauf sind offen darzulegen. Gleichzeitig damit wird der neue, gemeinsame Unternehmensname verbreitet und das neue Logo vorgestellt. Es muss auf sämtlichen Dokumenten des Unternehmens eingefügt werden (Briefkopf, Visitenkarten, etc.).

2.) Besetzung der neuen Führungsmannschaft: Die paritätische Neubesetzung der Führungsmannschaft ist ein positives Signal für alle Mitarbeiter und muss dementsprechend schnell kommuniziert werden. Denn: *„Vor allem Personen in Toppositionen verkörpern zu Beginn das neue Unternehmen. Sie stehen sichtbar für Werte und Prinzipien, die im fusionierten Unternehmen gelten sollen. Und sie geben Hinweise auf die wahren Machtverhältnisse."*[404] Das notwendige Auswahlverfahren ist maßgeblich für den weiteren Prozessverlauf. Eine Vielzahl von Unternehmen betraut damit externe Berater, die nach Befragungen

---

[403] Vgl. Stahl (2001), S. 73.
[404] Trauth (2000), S. 78.

und Tests Gutachten über jeden Kandidaten vorlegen. Dies beruht auf dem Sicherheitsdenken der Unternehmensleitungen: Zum einen wollen sie nicht auf den Rat von Experten verzichten. Zum anderen sehen sie darin ein deutliches Signal strikter Objektivität. Damit delegieren sie aber auch einen Großteil an Verantwortung an Personen, die keinerlei Erfahrung mit der Führungskompetenz und Persönlichkeit des jeweiligen Topmanagements besitzen. Dies ist der falsche Weg. Vielmehr kann die Hilfe externer Berater als flankierende Maßnahme der Auswahl dienen. Die Entscheidung muss aber zuvorderst von den Vorstandsvorsitzenden betreut und getroffen werden.[405]

3.) **Entlassungen und Positionswechsel:** Diese Entscheidungen sind schnell zu treffen und zu kommunizieren. Mit der Auswahl der neuen Belegschaft sind die Ressortleiter und das mittlere Management betraut. Sie müssen der Unternehmensleitung regelmäßig Bericht erstatten, ihre Entscheidungen begründen und miteinander abgleichen. Ein ehrlicher und fairer Umgang mit den Mitarbeitern ist dabei oberstes Gebot. Zu Entlassenden können Vermittlung oder Weiterbildungsmaßnahmen angeboten werden. Verbleibenden ist - wo nötig - ein Positionswechsel anzubieten und dessen Konsequenzen sind zu erklären. Im Idealfall müssen alle Betroffenen von der Gerechtigkeit des Auswahlprozesses überzeugt werden. *„Wenn es Mitarbeitern möglich ist, alle vorgebrachten Argumente kritisch zu prüfen, das Ergebnis zu bewerten und ihre Folgerungen zu ziehen, wird sich das auf ihr Engagement am Arbeitsplatz positiv auswirken."*[406] Auch hier können externe Berater hilfreich zur Seite stehen.

4.) **Sitz der Unternehmensleitung:** Mit der Entscheidung für ein oder zwei Hauptquartiere und über deren geografische Lage wird ein weiteres Zeichen der Gemeinsamkeit und der Gleichwertigkeit gesetzt. Vor- und Nachteile jeder Entscheidung wurden schon dargelegt. Auch sie muss schnell getroffen werden.

5.) **Vorstellung eines gemeinsamen Unternehmensleitbildes:** Die Formulierung eines gemeinsamen Unternehmensleitbildes ist Aufgabe der Unternehmenslei-

---

[405] Vgl. ders., S. 78-81.
[406] Ders., S. 80.

tung und sollte nicht deligiert werden. Dies ist ein entscheidender Schritt hin zu einer Drittkultur. Der Vorstand beider Unternehmen kommt sich näher, indem jeder dem anderen sein Unternehmensleitbild und damit die Wesenszüge und das Charakterprofil seines Betriebes vorstellt. Ein neues Unternehmensleitbild sollte verständlich, ehrlich, ethisch einwandfrei und verbindend sein – als Handlungsmaxime aller Unternehmensmitglieder. Ist sie formuliert, muss sie der gesamten Belegschaft vorgestellt werden (z.b. in der Fusionszeitschrift oder auf Road Shows), bevor sie der Öffentlichkeit präsentiert wird.

5.2.3.2 Integrations-Workshops

Ein wichtiges Instrument zur Überwindung kultureller Unterschiede sind sog. „Integrationsworkshops". Sie sollen die Mitarbeiterintegration fördern. In Zusammenarbeit von Personalbereich und einzelnen Unternehmensbereichen werden Integrationsveranstaltungen organisiert, die ein bis eineinhalb Tage dauern. In einem Kaskadenmodell, das beginnend beim Vorstand zu jedem Mitarbeiterteam den Prozess weiterträgt, wird ihre Umsetzung geplant. Ziele der Veranstaltungen können sein:

- gegenseitiges Kennenlernen und Informationsaustausch;
- Klären der gegenseitigen Erwartungen und Rollenverständnisse;
- Einigung auf gemeinsame Sprache (internationale Fusionen);
- Verständnis auf eine gemeinsame Drittkultur;
- Festlegen auf gemeinsames Managementverständnis und Führungsstil des Hauses.

Geplant werden die Integrationsworkshops von der Führungskraft, die sie leitet, und von Moderatoren. Diese rekrutieren sich aus dem Personalbereich und aus externen Beratern. Um die Effektivität und den Beitrag zum Fusionsprozess jedes Workshops zu evaluieren, müssen die Mitarbeiter im Anschluss an ihn standardisierte Fragebögen zur Erfolgsmessung ausfüllen. Ihr Ergebnis bewertet zum einen den Fusionsworkshop selbst. Zum anderen liefert es Erkenntnisse über den Verlauf des Fusionsprozesses und das Betriebsklima. Unternehmensübergreifend werden die Daten aggregiert und analysiert. Diese Aufgabe kann an ein externes Institut delegiert werden. Im Anschluss wird das Feedback der Ergebnisse an die Unternehmensleitung und die Bereichsleiter gegeben.

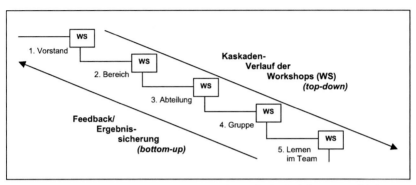

Abbildung 21: Kaskadenmodell der Integrationsworkshops, Quelle: In Anlehnung an Friederichs (1999), S. 339.

Der hier vorgeschlagene Ablauf von Intergrationsworkshops wurde erfolgreich bei der Fusion von Bayerischer Vereinsbank und Bayerischer Hypobank zur HypoVereinsbank AG durchgeführt.[407] Dabei erwiesen sich die Integrationsworkshops als probates und von den Mitarbeitern äußerst akzeptiertes Fusionsinstrument: *„Die Bedeutung der Integrationsworkshops für das Gelingen des Fusionsprozesses wurde von nahezu 90 % der Mitarbeiter als hoch eingeschätzt."*[408]

5.2.3.3 Interkulturelles Training

Insbesondere bei internationalen Fusionen ist interkulturelle Kompetenz der Mitarbeiter in Schlüsselpositionen erfolgsentscheidend. Dem Lerntheoretischen Ansatz zufolge kann interkulturelle Kompetenz besonders durch eigene Erfahrungen erworben werden. Diese Erfahrungen sind Teil des interkulturellen Trainings. In ihm

---

[407] Berichtet durch Maassen (1999) und Friederichs (1999).
[408] Maassen (1999), S. 40.

werden dem Lernenden Wissen über (kognitive Ebene), Einstellungen zur (affektive Ebene) und adäquater Umgang mit (konative Ebene) der fremden Kultur vermittelt. Nach der Klassifizierung von Gudykunst und Hammer interessieren für eine
internationale Fusion m.E. ausschließlich kulturspezifische Trainingstechniken, da
die Landeskultur des Fusionspartners feststeht und zur Grundlage des Trainings
wird. Infrage kommen experimentell-kulturspezifische und didaktisch-kulturspezifische Trainingstechniken.

1.) Experimentell-kulturspezifische Trainingstechniken: Hier bieten sich besonders Rollenspiele und Simulationen an. Der Lernende wird Teil eines Expe-
rimentes bezüglich seines Verhaltens und seiner Rolle in interkulturellen Konflikten. In nachgestellten Szenen aus dem täglichen Leben und dem Berufsall-
tag der fremden Kultur erfährt er deren Werte und Normen, ungeschriebene
Regeln, etc. In Rollenspielen, in denen er etwa die Rolle des Vermittlers zwischen beiden Kulturen übernimmt (genau das wird künftig eine seiner Haupt-
aufgaben sein), lernt er den diplomatischen Umgang mit der fremden Kultur
und die Vermittlung kultureller Unterschiede an Untergebene.

2.) Didaktisch-kulturspezifische Trainingstechniken: Sie dienen der Vermittlung von Wissen und können Fragen vertiefen, die in experimentellen Trainings
offen bleiben. Unerlässliche Basis von Kommunikation und damit kulturellem
Verständnis ist das Erlernen der gemeinsamen Sprache, auf die sich die Unternehmen geeinigt haben. Aber auch Fragebögen, in denen das in experimentellen Trainings erlernte Wissen abgefragt wird, sind hilfreich zur Erlangung interkultureller Kompetenz. Vorlesungen runden das Verständnis der anderen Landeskultur ab.

Hauptadressaten interkulturellen Trainings lassen sich nach ihrem Bedarf an interkultureller Kompetenz unterscheiden:

1.) Am dringendsten wird das Training von Führungskräften benötigt, die in das
Land des Fusionspartners entsandt werden, um dort den Fusionsprozess vor-

anzutreiben. Sie sind als Mittler weder den Interessen des Heimat- noch des Gastlandes unterstellt, sondern allein den Zielen des neuen Unternehmens.[409]

2.) Danach folgen Führungskräfte aus dem gehobenen und mittleren Management, die zwar im Inland verbleiben, dort aber Schlüsselpositionen bzw. stark frequentierte Schnittstellen in der Kulturvermittlung einnehmen.

3.) Diese zwei Hauptadressaten benötigen die Rückendeckung ihrer Mitarbeiter, soll ihr Bemühen um kulturelles Verständnis von Erfolg gekrönt sein. *„Auf allen Unternehmensebenen muß ein internationales Bewußtsein entstehen, eine veränderte Grundhaltung."*[410] Deswegen sind für die gesamte Belegschaft zumindest interkulturelle Erfahrungen notwendig. Diese können aus Gründen der Effizienz und der Zeitersparnis zumindest rudimentär in wechselseitigen Betriebsbesichtigungen der gesamten Belegschaft und anschließenden Vorträgen über landeskulturelle Besonderheiten vermittelt werden.[411] Auch kulinarische Wochen in der Firmenkantine, in denen die Landesküche des Fusionspartners vorgestellt wird, fördern breite Akzeptanz und den Abbau von Berührungsängsten. Austausch- und „Job Rotation"-Programme vertiefen das gegenseitige Verständnis.

Das Erlangen interkultureller Kompetenz ist ein langwieriger und dynamischer Prozess.[412] Und: *„Der Weg vom Verstehen kultureller Unterschiedlichkeit zum situationsgerechten, interkulturell adäquaten Handeln [...] erfordert hohe Motivation und ausgeprägte Frustrationstoleranz."*[413] Er ist aber unerlässlich, um die Fusion nicht durch interkulturelle Konflikte innerhalb der Belegschaft schon in den Anfängen der Postmerger-Phase scheitern zu lassen.

5.2.3.4 Drittkultur-Evaluation

Nach der Ist-Analyse der Kultur beider Unternehmen (Premerger-Phase) und der Soll-Analyse der neuen Drittkultur (Merger-Phase) sind in der Postmerger-Phase

---

[409] Vgl. Bittner (1996), S. 19.
[410] Ebd.
[411] Vgl. Hesse/Schwaab (2000), S. 25.
[412] Vgl. Podsiadlowski (1996), S. 77.

der Aufbau und die Implementierung der angestrebten Drittkultur zu evaluieren. Die Basis dafür bilden kontinuierliche Befragungen und Beobachtungen der neuen Belegschaft sowie Einzelgespräche mit Führungskräften, die Schlüsselpositionen besetzen. Schwerpunkte könnten sein:

- Welche Vorstellungen bestehen über die neue Drittkultur?
- Wie groß ist das Interesse daran?
- Wie stark wird sie geteilt und im Unternehmensalltag gelebt?
- Wo muss nachgebessert werden?
- Wie sehr wurde der neue Unternehmensname verinnerlicht?
- Inwiefern ist das neue Leitbild rezipiert und verstanden worden?
- Gab es bisher interkulturelle Konflikte? Wie wurden sie gelöst? Waren sie eine Bereicherung oder ein Verlust?

Durch die kontinuierliche Analyse der Antworten kann der Kulturverlauf im Zeitwandel abgebildet, bei Fehlentwicklungen steuernd eingegriffen und der Erfolg des Integrationsmanagements evaluiert werden.[414] Der ideale Weg zur Implementierung der neuen Drittkultur und zum Nachbessern von ungewollten Abweichungen ist immer die Kommunikation. Sie wird sinnvoll unterstützt durch eine kulturbewusste Unternehmensführung, die die neuen Werte, Normen und Verhaltensweisen glaubhaft vorlebt und so für deren Akzeptanz sorgt. Abweichungen vom eingeschlagenen Weg darf sie nicht unkommentiert lassen.

Abgesehen von den spezifisch auf die Drittkultur ausgerichteten Fragen können auch allgemeinere bezüglich der Arbeitszufriedenheit, des Stressniveaus und der Identifikation der Mitarbeiter mit dem neuen Unternehmen gestellt werden. Sie lassen Rückschlüsse auf Einstellungsänderungen gegenüber der Fusion oder dem Fusionspartner zu. Diese können dann im Prozess der kulturellen Fusion berücksichtigt und eingebunden werden. Generell gilt, dass der Aufbau einer neuen Drittkultur ein langwieriger und sich wandelnder Prozess ist. Der kulturelle Korridor, in dem sich dieser Prozess bewegt, muss gewisse Schwankungen zulassen. Es gilt,

---

[413] Barmeyer (2000), S. 468.
[414] Vgl. dazu Stahl (2001), S. 73.

die eingeschlagene Richtung einzuhalten, aber nicht um jeden Preis. Erbringt die Evaluation das organische, abweichende Wachstum einer anderen als der angestrebten Drittkultur, kann allenfalls deren Entstehen korrigiert, nicht aber verhindert werden. Ein Abgleich mit der Soll-Kultur und die anschließende, vereinende Modifikation beider sind dann notwendig.

5.2.3.5 Evaluation des kulturellen Fusionserfolges

Der Erfolg der kulturellen Fusion beider Unternehmen lässt sich nicht nur anhand der Evaluation der Drittkultur, sondern auch an allgemeinen Reaktionen der Mitarbeiter auf die Verschmelzung messen. Hier interessieren besonders drei Punkte: die Fluktuationsrate, die Krankenstände und das Fusionsklima.

1.) **Fluktuationsrate:** Eine ungewollt hohe Fluktuationsrate muss alarmierend auf die Hauptakteure der Fusion wirken. Flucht als ultima ratio-Reaktion der Mitarbeiter auf den unerträglichen Zustand der Verschmelzung sollte das Fusionsmanagement alarmieren. Wer nach der zügigen Versicherung, dass er im Unternehmen verbleibt, freiwillig geht, muss triftige Gründe dafür haben. Seine Reaktion zeigt die unverzeihlichen Fehler, die im Fusionsprozess gemacht wurden. Das Abwandern der Mitarbeiter, ihrer Kompetenz und ihres Wissens zur Konkurrenz muss unbedingt verhindert werden.

2.) **Krankenstände:** Erhöht sich die Zahl der Krankenstände nach der Fusion sprunghaft, so lässt sich dies als Zeichen für die Ablehnung der Verschmelzung und ein Schritt zur inneren Kündigung interpretieren. Hierin mag eine Trotzreaktion der Mitarbeiter auf mangelnde Integration liegen: Wenn deren Einsatz und Mithilfe nicht bei der Fusion erwünscht sind, dann bleiben sie ihr eben fern. Zudem ist das „Krankfeiern" eine abgeschwächte Form der offiziellen Kündigung und eine Reaktion auf die Angst vor Unbekanntem.

3.) **Fusionsklima:** Die Punkte 1.) und 2.) können, um Befragungen und Beobachtungen ergänzt, ein umfangreiches Bild des Fusionsklimas wiedergeben. Sie zeigen die Akzeptanz, Identifikation und Einstellung der Mitarbeiter bezüglich der Fusion. Auch hier gilt es, durch gezielte Information und Kommunikation mögliche Defizite auszugleichen und Verständnis für die außergewöhnliche Lage zu schaffen. Eine punktuelle Temperaturmessung des Fusionsklimas liefert aber stets nur eine Momentaufnahme. Kontinuierliche Wiederholung ist unbedingt notwendig.

Die Ergebnisse dieser Analyse geben Aufschluss darüber, ob und wie sehr die Drittkultur, frühzeitige Partizipation und Integration aller Betroffenen im Fusionsprozess als gemeinsamer Grundkonsens und Bindemittel die weichen Misserfolgsfaktoren der Fusion eingrenzen konnten. Sie ist im Verlauf der Postmerger-Phase kontinuierlich und über Jahre zu wiederholen. Nur so lassen sich die Etappenziele mit Erfolgsbilanz evaluieren und künftige anpeilen.

5.2.4 Zusammenfassende Darstellung des kulturellen Fusionsprozesses

Prozess	Premerger-Phase	Merger-Phase	Postmerger-Phase
Maßnahmen	**Ist-Analyse eigener** • Unternehmenskultur • Landeskultur **durch** • Befragungen • Beobachtungen **bezüglich** • Stärke • Subkulturen • Regionalkultur • Landeskultur • Kulturregion **Cultural Due Diligence fremder** • Unternehmenskultur • Landeskultur **durch** • Beobachtungen • Recherche • Mithilfe Fusionspartner **bezüglich** • Gemeinsamkeiten • Unterschieden • Kompatibilität • Innovationspotential **Stufenintegrationsplan** • Kooperationsregeln • Zeitplan und Etappen • neuer Name • Sitz Hauptquartier(e) **Paritätsmodelle für** • Besetzung Spitze • Besetz. Belegschaft • Schlüsselpositionen • Hauptquartier • Name	**Soll-Analyse Drittkultur** • Gemeinsamkeiten • Unterschiede • Stärke/Schwäche • Anzahl Subkulturen • Gemeinsamer Name **Verschmelzung der Integrationspläne** • Zeitplan & Etappenziele • Kommunikationsplan • Informationszentrale • Integrationsteams • Unternehmensleitbild • Interkulturelles Training • Betriebsbesichtigungen • Integrationsworkshops **Verschmelzung der Paritätsmodelle** • Besetz. Doppelspitze • Belegschaft: Entlassungen & Neubesetzungen • Hauptquartier(e) • neuer Name **Kommunikationsplan** • Inhalt, Zeitpunkt, Adressaten der Info. • Sachinfos (kognitiv) • Akzeptanz (affektiv) • Richtung: „top-down" **& Informationszentrale** • Fusionszeitschrift • Intranet/Rundmails • 24h-Telefon-Hotline • Mitarbeitertreffen • Road Shows **Integrationsteams** • paritätisch • Angleichung Gehälter, • Angl. Arbeitsverträge, • Angl. Anreizsystem, etc. • Periodische Treffen	**Realisation Paritätsmodell & Kommunikationsplan** • Bekanntgabe Fusion & n. Name • Neubesetzung Spitze • Entlassungen & Positionswechsel • Sitz & Anzahl Hauptquartiere • Bekanntgabe Unternehmensleitbild **Integrationsworkshops** • Dauer: max. 1 ½ Tage • Kaskadenverlauf: Vorstand, Bereich, Abteilung, Gruppe, Lernen im Team **mit den Zielen** • Kontaktaufnahme • Informationsaustausch • Rollenverständnisse • Gem. Sprache, Drittkultur, Führungsstil • Feedback durch Fragebögen **Interkulturelles Training & Betriebsbesichtigung** • Experimentell-kulturspezif. Trainings: Rollenspiele & Simulationen • Didaktisch-kulturspezif. Trainings: Sprache erlernen, Abfragen, Vorlesungen • Kulinarische Wochen • Betriebsbesichtigungen **Drittkultur-Evaluation: Befragungen/Beobachtungen der Mitarbeiter** • Implementierung & Akzeptanz • Lücken & Konflikte **zur** • Evaluation Kulturverlauf • Fehlerkorrektur • Evaluation Integrationserfolg • Modifikation Soll-Kultur **Evaluation Fusionserfolg** • Fluktuationsrate • Krankenstände • Fusionsklima **zum Aufschluss über** • Akzeptanz Drittkultur • Kohäsionskraft Drittkultur • Eingrenzung weicher Faktoren • Evaluation der Etappenziele

Abbildung 22: Der kulturelle Fusionsprozess, Quelle: Eigene Darstellung.

6. Handlungsempfehlungen

6.1 Ratschläge für die Fusionspraxis[415]

1.) Jede Fusion bedeutet eine tiefgreifende Krise für Ihr Unternehmen. Überlegen Sie gründlich, ob und warum Sie fusionieren möchten. Lohnen die möglichen Ziele eine solche Krise? Bedenken Sie, dass es Alternativen gibt (Kooperationen, Joint Ventures, etc.).

2.) Prüfen Sie kritisch vorschnellen Zuspruch von außerhalb, etwa durch Investmentbanker, Analysten oder M&A-Berater. Deren Ziele können gänzlich anders als Ihre aussehen.

3.) Bezahlen Sie externe M&A-Berater erfolgsabhängig. Ist das nicht möglich, zahlen sie ein Grundgehalt und Erfolgsprämien.

4.) Seien Sie kritisch gegenüber konglomeraten Fusionen. Eine zu starke Diversifikation macht den ohnehin immens komplexen Fusionsprozess unüberschaubar. Konzentrieren Sie sich besser auf ihre Kernkompetenz. Negativbeispiele wie AOL/Time Warner sprechen für sich.

5.) Vermeiden Sie feindliche Übernahmen. Sonst riskieren Sie kaum überwindbare Widerstände der übernommenen Belegschaft.

6.) „Drum prüfe, wer sich ewig bindet" – diese Volksweisheit gilt auch für Fusionen. Gründliche Partnerwahl durch eine interdisziplinäre Due Diligence-Prüfung ist unverzichtbar, soll die Fusion erfolgreich sein.

7.) Je mehr verschiedene kulturelle Systeme es zu verschmelzen gilt, desto komplizierter und schwieriger die Fusion (worst case: internationale Megafusion, z.B. DaimlerChrysler). Aber: desto mehr Innovationspotential.

8.) Erwarten sie keine vorschnellen Erfolge. Langer Atem und Durchhaltevermögen sind unbedingt notwendig für eine Fusion.

9.) Kommunizieren Sie permanent. So schaffen Sie Vertrauen, Akzeptanz und Identifikation der Mitarbeiter bezüglich des Fusionsvorhabens.

---

[415] Hier wird die direkte Anrede gewählt, um Dringlichkeit und Verständlichkeit der Ratschläge zu erhöhen.

10.) Pflegen Sie ein kulturbewusstes Management im gesamten Prozessverlauf. Nur, wer sich für die eigene Kultur sensibilisiert, kann die fremde verstehen und beide zu einer neuen alten Drittkultur verbinden.

11.) Denken Sie um: Streben Sie statt kultureller Dominanz und Gleichmachung wechselseitiges Kulturlernen an. Anpassungszwänge bedingen massive Abwehrreaktionen, unterdrücken Synergiepotentiale und sind insbesondere bei internationalen Fusionen ein hoffnungsloses Unterfangen.

6.2 Aufforderungen an die Wissenschaft

Um zu einem tieferen Verständnis der Bedeutung von Unternehmenskulturen für den Erfolg von internationalen Fusionen zu gelangen, sollte sich die Forschung der nächsten Jahre m.E. besonders auf folgende Problembereiche konzentrieren:

1.) Entwicklung einer umfassend akzeptierten Fusionstypologie analog zur derzeitigen Terminologie der Unternehmenszusammenschlüsse;

2.) Klare Trennung zwischen Fusionen und Akquisitionen und damit Abwendung von einem durch Übernahmen und Dominanz geprägten Fusionsverständnis hin zu dessen Kern, der kooperativen Verschmelzung;

3.) Perspektivenwechsel von der Betrachtung statischer weicher Misserfolgsfaktoren vor dem Fusionsprozess hin zur Berücksichtigung intervenierender Variablen und der dynamischen, komplexen Veränderung der Drittkultur während des Fusionsprozesses in künftiger Modell- und Theorieentwicklung;

4.) Entwicklung von Leitlinien für ein kulturbewusstes Fusionsmanagement, das kulturelle Heterogenität nicht nur als Gefahr, sondern auch als Chance zur Freisetzung von Innovationspotential begreift;

5.) Verstärkte interdisziplinäre Betrachtung der komplexen und vielschichtigen Problematik, wie die Anleihen bei der Kulturanthropologie aus den Anfängen der Unternehmenskulturforschung;

6.) Vermehrte empirische und wissenschaftstheoretische Betrachtung des Phänomens Regionalkultur, auch im länderübergreifenden Vergleich;

7.) Vermehrte empirische Langzeitstudien über Fusionsaufkommen und -erfolg;

8.) Kritische Sekundäranalyse vorliegender empirischer Untersuchungen der Unterschiede in Landeskulturen und Kulturregionen; Modifikation hinsichtlich widersprüchlicher Ergebnisse und kulturellem Wandel (Positivbeispiel: Hofstedes Ergänzung der „Konfuzianischen Dynamik");

9.) Entwicklung umfassender Theorien und Modelle unternehmenskultureller Kompetenz und unternehmenskulturellen Trainings, analog zu interkultureller Kompetenz/interkulturellem Training;

10.)Abkehr von Einzelfallberichten, die Anspruch auf Allgemeingültigkeit erheben, de facto aber reine PR-Maßnahmen sind, hin zu abstrahierend übergreifenden Aussagen.

7. Fazit

Fusionen sind keine Erfindung der Postmoderne; es gibt sie seit mehr als einem Jahrhundert. Neu sind allein der Umfang der jüngsten Fusionsaktivitäten und das mit ihm einhergehende öffentliche Interesse für deren spektakuläre Misserfolgsquoten. So gründlich wie bei Verschmelzungen wurde volkswirtschaftliches Kapital in Deutschland wohl nur noch am Neuen Markt verbrannt. Wozu? Um auf eine zunehmende Konzentration zu reagieren, die es de facto nicht gibt. Um so mehr bestürzen die Defizite, die der wissenschaftliche Diskurs um Verschmelzungen und ihre Bedeutung für unsere Gesellschaft aufweist. Die wissenschaftliche Auseinandersetzung mit der Interdependenz von Fusionserfolg und kulturellen Divergenzen befindet sich noch immer in der Startphase. Der mangelhafte Rückgriff der Fachliteratur auf ein existentes und nur partiell zu ergänzendes Klassifikationsschema ist dafür exemplarisch; er findet in verallgemeinernden Sammelbetrachtungen von „Fusionen & Übernahmen" seinen Ausdruck. Sinnvoll wäre die Besinnung auf die ursprüngliche Bedeutung des Wortes „Fusion": Verschmelzung. Es bedeutet einen erheblichen Unterschied, ob ein Unternehmen das andere dominierend *erwirbt* oder mit ihm kooperativ *verschmilzt*. Dies gilt insbesondere vor dem Hintergrund der kulturellen Konfrontation der Betroffenen. Unternehmen bestehen zuallererst aus Menschen, nicht aus Zahlen, Strategien oder anderen Abstrakta. Um ihre Bedürfnisse zu berücksichtigen, produktive Arbeitsbedingungen zu schaffen und damit die Funktionsfähigkeit auch des fusionierten Unternehmens zu gewährleisten, ist m.E. die Entwicklung einer gemeinsamen Unternehmenskultur als soziales Bindemittel und gemeinsamer Grundkonsens, der Halt in Krisenzeiten bietet, unbedingt notwendig.

Ziel darf jedoch nicht die kulturelle Gleichmacherei sein, die die bisherige Fusionspraxis dominiert. Hier ist ein Umdenken der Hauptakteure geboten. Vielleicht können die in der vorliegenden Arbeit entwickelten Ansätze zur Entwicklung einer gemeinsamen, kulturelle Divergenzen harmonisch integrierenden Drittkultur ihren Beitrag leisten. Den Ausweg aus dem Fusionsdilemma schafft langfristig nur der respektvolle Umgang mit der kulturellen Andersartigkeit des Gegenübers, besser: des *Partners*. Nur so können Widerstände und Abwehrreaktionen eingedämmt werden. Letztlich gilt für die Firmenhochzeit dasselbe wie für das menschliche Pendant: Einzig Toleranz und Kompromissfähigkeit helfen, die Tücken des Alltags zu bewältigen.

8. Literaturverzeichnis

Abe, H./Wiseman, R.L. (1983): A Cross-Cultural Confirmation of the Dimensions of Intercultural Effectiveness, in: International Journal of Intercultural Relations 7/1983, S. 53-67.

Albert, U./Silverman, M. (1984): Making Management Philosophy a Cultural Reality, Part 1: Get Started, in: Personnel 1/1984, S. 12-21.

Althauser, U./Tonscheidt-Göstl, D. (1999): Kultur Due Diligence – Erfolgsfaktor bei Fusionen und Akquisitionen, in: Personalwirtschaft 8/1999, S. 40-46.

Ansoff, I.H. (1965): Corporate Strategy, New York 1965.

Ansoff, I.H. (1979): Strategic Management, London 1979.

Axel, M./Prümper, J. (1997): Interkulturelle Kompetenz durch interkulturelles Training, in: Clermont, A./Schmeisser, W. (Hg.), Internationales Personalmanagement, München 1997, S. 349-371.

Balzer, A./Hirn, W./Wilhelm, W. (2000): Gefährliche Spirale: Fusionswahn, in: Manager Magazin 3/2000, S. 77-100.

Barmeyer, C.I. (2000): Wege zeigen – Wege gehen. Interkulturelles Coaching als Form beratender Intervention, in: Personal 9/2000, S. 464-468.

Bernath-Frei, B. (1998): Stress macht krank, in: Schweizer Bank 7/1998, S. 46-49.

Birkigt, K./Stadler, M.M. (1980): Corporate Identity, München 1980.

Bittner, A. (1996): Interkulturelle Zusammenarbeit, Herausforderung für Führungskräfte: Der Umgang mit fremden Kulturen, in: Gablers Magazin 2/1996, S. 14-19.

Bleicher, K. (1982): Japanisches Management im Wettstreit mit westlichen Organisationskulturen, in: zfo 8/1982, S. 444-450.

Bleicher, K. (1984): Unternehmungspolitik und Unternehmungskultur: Auf dem Weg zu einer Kulturpolitik der Unternehmung, in: zfo 8/1984, S. 494-500.

Bleicher, K. (1986): Strukturen und Kulturen der Organisation im Umbruch: Herausforderungen für den Organisator, in: zfo 2/1986, S. 97-108.

Bleicher, K. (1991): Das Konzept integriertes Management, Frankfurt a.M./New York 1991.

Breuer, J.P. (1999): Aufprall der Kulturen, in: Mitbestimmung 12/1999, S. 38 – 40.

Bruhn, M./Homburg, C. (2001): Gabler Marketing Lexikon, Wiesbaden 2001.

Bühner, R. (1985): Strategie und Organisation. Diversifikationspolitik im Unternehmen, Wiesbaden 1985.

Bühner, R. (1989): Bestimmungsfaktoren und Wirkungen von Unternehmenszusammenschlüssen, in: WiSt 4/1989, S. 158-165.

Bühner, R. (1990): Erfolg von Unternehmenszusammenschlüssen in der Bundesrepublik Deutschland, Stuttgart 1990.

Cartwright, S./Cooper, C.L. (1993): The Role of Culture Compatibility in Successful Organizational Marriage, in: Academy of Management Executive 7/1993, S. 57-70.

Cartwright, S./Cooper, C.L. (1996): Managing Mergers, Acquisitions and Strategic Alliances: Integrating People and Cultures, Oxford 1996.

Chandler, A.D. (1962): Strategy and Structure – Chapters in the History of the Enterprise -, Massachussetts/London 1962.

Chen, G.-M./Starosta, W.J. (1996): Intercultural Communication Competence. A Synthesis, in: Communication Yearbook 19/1996, S. 353-383.

Chromy, B./Stork, A. (1999): Die Veränderung von Unternehmenskultur als Grundlage einer erfolgreichen Fusion, in: Henckel von Donnersmarck, M./Schatz, R. (Hg.), Fusionen: Gestalten und Kommunizieren, Bonn/Dover/Fribourg/Leipzig/Ostrava 1999, S. 129-143.

Coenenberg, G./Sautter, M.T. (1988): Strategische und finanzielle Bewertung von Unternehmensakquisitionen, in: DBW 6/1988, S. 691-710.

Cox, T.H./Blake, S. (1991): Managing Cultural Diversity: Implications for Organizational Competitiveness, in: Academy of Management Executive, 5/1991, S. 45-56.

Dabui, M. (1998): Postmerger-Management: zielgerichtete Integration bei Akquisitionen und Fusionen, Wiesbaden 1998.

Dahm, H. (1982): Der Akquisitionsprozess, in: Rädler, A.J./Pöllath, R. (Hg.), Handbuch der Unternehmensorganisation, Frankfurt a.M. 1982, S. 11-37.

David, K. (1972): Intercultural Adjustment and Applications of Reinforcement Theory to Problems of „Culture Shock", in: Trends 3/1972, S. 1-64.

Davis, S.M. (1984): Managing Corporate Culture, Cambridge/Massachussetts 1984.

Deal, T.E./Kennedy, A.A. (1987): Unternehmenserfolg durch Unternehmenskultur. Herausgegeben und eingeleitet von Albert Bruer, Bonn 1987; das Original erschien unter dem Namen Corporate Cultures: The Rites and Rituals of Corporate Life, Reading 1982.

Diekhof, R. (2000): Bauen am Turm zu Babel, in: w&v 37/2000, S. 58–60.

Dielmann, K. (2000): Fusionen aus personalwirtschaftlicher Sicht, in: Personal 9/2000, S. 478 – 480.

Dieschburg, B./Maintz, M. (2000): Das Leitbild im Unternehmen als Ariadnefaden im Wandel, in: Personalführung 9/2000, S. 28-34.

Dietrich, F. (1999): Integration mit Unternehmensleitbild, in: Personalwirtschaft 6/1999, S. 42-48.

Dill, P. (1986): Unternehmenskultur: Grundlagen und Anknüpfungspunkte für ein Kulturmanagement, Bonn 1986.

Dill, P./Hügler, G. (1987): Unternehmenskultur und Führung betriebswirtschaftlicher Organisationen. Ansatzpunkte für ein kulturbewußtes Management, in: Heinen, E. (Hrsg.), Unternehmenskultur. Perspektiven für Wissenschaft und Praxis, München 1987, S. 141-209.

Dülfer, E. (1991): Organisationskultur. Phänomen – Philosophie – Technologie. Eine Einführung in die Diskussion, in: Ders. (Hrsg.), Organisationskultur. Phänomen – Philosophie – Technologie, Stuttgart 1991.

Dülfer, E. (1992): Kultur und Organisationsstruktur, in: Frese, (Hrsg.), Handwörterbuch der Organisation, Stuttgart 1992, Sp. 1201-1214.

Dyllick, T. (1998): Management als Sinnvermittlung, in: GDI-Impuls 3/1998, S. 3-12.

Emmerich, A./Krell, G. (2002): Diversity-orientierte Trainings und Beurteilungen von Führungskräften, in: Wirtschaftspsychologie 1/2002, S. 64-69.

Engeser, M. (2000): Späte Stolpersteine, in: Wirtschaftswoche 36/2000, S. 88-90.

Faulstich, W. (2000): Grundwissen Öffentlichkeitsarbeit, München 2000.

Felder, R. (2001): Merger & Acquisition – eine Aufgabe für den Personalbereich, in: Personal 3/2001, S. 156-161.

Fischer, H./Steffens-Duch, S. (2000): Die Bedeutung der Unternehmenskultur bei Akquisitionen und Fusionen, in: Die Bank 10/2000, S. 674–678.

Fischer, H./Steffens-Duch, S. (2001): Unternehmenskultur bei Akquisitionen und Fusionen. Das Beispiel Deutsche Bank und Bankers Trust, in: Personal 1/2001, S. 49–53.

Forstmann, S. (1998): Managing Cultural Differences in Cross-cultural Mergers and Acquisitions, in: Gertsen, M.C./Søderberg, A.-M./Torp, J.E. (Hg.), Cultural Dimensions of International Mergers and Acquisitions, Berlin 1998, S. 57-83.

Freud, S. (2001): Das Unbehagen in der Kultur, Leipzig/Wien/Zürich 1930, in: Lorenzer, A./Görlich, B. (Hg.), Sigmund Freud: Das Unbehagen in der Kultur und andere kulturtheoretische Schriften, Frankfurt a.M. 2001.

Freund, W. (1991): Die Integration übernommener Unternehmen: Fragen, Probleme und Folgen, in: DBW 4/1991, S. 491-498.

Friederichs, P. (1999): Personal als Change Agent bei Fusionen, in: Personal 7/1999, S. 336-339.

Gabler (1993): Gabler Wirtschaftslexikon, Wiesbaden 1993.

Gerpott, T.J. (1993): Integrationsgestaltung und Erfolg von Unternehmensakquisitionen, Stuttgart 1993.

Ghemawat, P./Ghadar, F. (2000): The Dubious Logic of Global Megamergers, in: Harvard Business Review July/August 2000.

Goodstein, L.D. (1981): Commentary: Do American Theories Apply Abroad? American Business Values and Cultural Imperialism, in: Organizational Dynamics 1/1981, S. 49-54.

Gösche, A. (1991): Mergers & Acquisitions im Mittelstand: Unternehmen und Beteiligungen gezielt kaufen und verkaufen, Wiesbaden 1991.

Greiner, L.E. (1982): Evolution und Revolution im Wachstum von Organisationen, in: Harvard Manager 3/1982, S. 7-15.

Greipel, P. (1988): Strategie und Kultur: Grundlagen und mögliche Handlungsfelder kulturbewußten strategischen Managements, Bern/Stuttgart 1988.

Greune, M. (1997): Der Erfolg externer Diversifikation im Handel. Eine theoretische und empirische Untersuchung, Heidelberg 1997.

Grieshaber, U. (2002): Schwaches 1. Quartal 2002, in: Finance 5/2002, S. 104, 105.

Grunwald, W. (1995): Über die Grenzen unternehmensinterner Öffentlichkeit. Warum soziale Informations- und Kommunikationsbeziehungen so schlecht funktionieren, in: zfo 2/1995, S. 95-99.

Grunwald, W. (2000): Umgang mit Konflikten. Für eine dialogische Streitkultur, in: io Management Zeitschrift 3/2000, S. 18-24.

Gudykunst, W.B./Hammer, M.R. (1983): Basic Training Design: Approaches to Intercultural Training, in: Landis, D.W./Brislin, R.W. (Hg.), Handbook of Intercultural Training. Volume 1: Issues in Theory and Design, New York 1983, S. 118-154.

Gut-Villa, C. (1995): Bei M&A: alle Mitarbeiter früh einbeziehen, in: io Management Zeitschrift 1/1995, S. 78-81.

Habeck, M.M./Kröger, F./Träm, M. (Hg.) (2001): Wi(e)der das Fusionsfieber. Die sieben Schlüsselfaktoren erfolgreicher Fusionen, Wiesbaden 2001.

Hall, E.T. (1990): The Silent Language, New York 1990.

Hall, E.T./Hall, M.R. (1990): Understanding Cultural Differences: Keys to Success in West Germany, France and the United States, Yarmouth 1990.

Handy, C.B. (1978): Zur Entwicklung der Organisationskultur einer Unternehmung durch Management-Development-Methoden, in: zfo 7/1978, S. 404-410.

Harbison, F./Myers, C.A. (1959): Management in the Industrial World. An International Analysis, New York/Toronto/London 1959.

Harrison, R. (1972): How to Describe Your Organization´s Culture, in: Harvard Business Review May/June 1972, S. 119-128.

Hase, S. (1996): Integration akquirierter Unternehmen: Planung, Konzeption, Bewertung und Kontrolle, Sternenfels 1996.

Heinen, E. (1987): Unternehmenskultur als Gegenstand der Betriebswirtschaftslehre, in: Ders. (Hrsg.), Unternehmenskultur. Perspektiven für Wissenschaft und Praxis, München 1987, S. 1-48.

Heinen, E./Dill, P. (1986): Unternehmenskultur – Überlegungen aus betriebswirtschaftlicher Sicht, in: zfo 56/1986, S. 202-218.

Henckel von Donnersmarck,M./Schatz, R. (1999): Einleitung zu: Dies. (Hg.), Fusionen gestalten und kommunizieren. Bonn/Dover/Fribourg/Leipzig/Ostrava 1999, S. 9-36.

Herzberg, F./Mausner, B.M./Snyderman, B.B. (1959): The Motivation to Work, New York 1959.

Hesse, J./Schwaab, M.-O. (2000): Proaktive Organisations- und Personalentwicklung, in: Personalführung 9/2000, S. 24-27.

Heuer, S. (2002): Falsch verbunden, in: brand eins 5/2002, S. 25 – 31.

Hilb, M. (2000): Human Resources bei globalen Fusionen, in: Personalwirtschaft 9/2000, S. 45-48.

Hiller von Gaertringen, C. (2000): Liga für sich, in: Wirtschaftswoche 36/2000, S. 93-94.

Hinterhuber, H./Winter, L. (1991): Unternehmenskultur und Corporate Identity, in: Dülfer, E. (Hrsg.), Organisationskultur: Phänomen – Philosophie – Technologie, Stuttgart 1991, S. 189-200.

Hochreutener, P.E. (1984): Die Entwicklung von Unternehmenskultur – Leitbilder als Grundlage für ein zielorientiertes Management, Sankt Gallen 1984.

Hoffmann, F. (1992): So wird Diversifikation zum Erfolg, in: Busse von Colbe, W./ Coenenberg, A. (Hg.), Unternehmensakquisition und Unternehmensbewertung, Stuttgart 1992, S. 33-43.

Hofstede, G. (1980): Motivation, Leadership, and Organization: Do American Theories Apply Abroad?, in: Organizational Dynamics 1/1980, S. 42-63.

Hofstede, G. (1982): Culture´s Consequences, International Differences in Work-Related Values, Sage/Newbury Park 1982.

Hofstede, G. (1983): The Cultural Relativity of Organizational Practices and Theories, in: Journal of International Business Studies 2/1983, S. 75-89.

Hofstede, G. (1993): Interkulturelle Zusammenarbeit: Kulturen – Organisationen – Management, Wiesbaden 1993.

Holleis, W. (1987): Unternehmenskultur und moderne Psyche. Frankfurt a.M./New York 1987.

Hölters, W./van Kann, J. (2002): Übernahmeverhinderungsgesetz. Das Wertpapier ist ein Fremdkörper im deutschen Gesellschaftsrecht, in: Finance 1/2002, S. 17-19.

Hunt, J.W./Downing, S. (1990): Mergers, Acquisitions and Human Resource Management, in: International Journal of Human Resource Management 1/1990, S. 195-209.

Jaeger, A.M. (1986): Organization Development and National Culture: Where´s the Fit?, in: Academy of Management Review 1/1986, S. 178-190.

Jaeger, F. (1999): Der globale Markt als größeres Haus für größere Firmen, in: Siegwart, H./Neugebauer, G. (Hg.), Mega-Fusionen, Bern/Stuttgart/Wien 1999, S. 11-38.

Jansen, S./Körner, K. (2000): Fusionsmanagement in Deutschland. Eine empirische Analyse von 103 Zusammenschlüssen mit deutscher Beteiligung zwischen 1994 und 1998 unter spezifischer Auswertung der Erfolgswirkungen des Typus der Fusion, der (Inter-) Nationalität, der Branche und der Unternehmensgröße, Witten/Herdecke 2000.

Jansen, S./Pohlmann, N. (2000): Anforderungen und Zumutungen: Das HR Management bei Fusionen, in: Personalführung 2/2000, S. 30-39.

Jemison, D. (1988): Value Creation and Acquisitions Integration: The Rule of Strategic Capability Transfer, in: Libecap, G. (Hrsg.), Advances in the Study of Entrepreneurship, Innovation and Economic Growth, Greenwich 1988, S. 191-218.

Jochmann, W. (2001): Erfolgreiches Gestalten von unternehmerischen Integrationsprozessen, in: Bertelsmann-Stiftung/Hans-Böckler-Stiftung (Hg.), Praxis Unternehmenskultur. Herausforderungen gemeinsam bewältigen. Band 5: Fusionen gestalten, Gütersloh 2001.

Kahle, E. (1988): Unternehmenskultur und Unternehmensführung. Zur Bedeutung der Unternehmensidentität als Erfolgsfaktor, in: ZfB 11/1988, S. 1228-1241.

Kahle, E. (1988): Unternehmenskultur als Erfolgsfaktor in mittelständischen Unternehmen, in: Albers, S./Herrmann, H./Kahle, E./Kruschwitz, L./Perlitz, M. (Hg.), Elemente erfolgreicher Unternehmenspolitik in mittelständischen Unternehmen. Unternehmenskultur, Kundennähe, Quasi-Eigenkapital – Ergebnis des Lüneburger Mittelstands-Symposiums 1988, Stuttgart 1989, S. 85-93.

Kahle, E. (1991): Unternehmenskultur und ihre Bedeutung für die Unternehmensführung, in: ZfP 1/1991, S. 17-34.

Karkowski, B./Grieshaber, U. (2002): Ganz unten. 2001 war kein gutes Jahr für Fusionen, in: Finance 1/2002, S. 10-13.

Keller, A. (1990): Die Rolle der Unternehmenskultur im Rahmen der Differenzierung und Integration der Unternehmung, Stuttgart 1990.

Kiechl, R. (1990): Ethnokultur und Unternehmenskultur, in: Lattmann, C. (Hrsg.), Die Unternehmenskultur – Ihre Grundlagen und ihre Bedeutung für die Führung der Unternehmung, Heidelberg 1990, S. 107-130.

Kirsch, W./Esser, W.-M./Gabele, E. (1979): Das Management des geplanten Wandels von Organisationen, Stuttgart 1979.

Kleinert, J./Klodt, H. (2000): Magafusionen: Trends, Ursachen und Implikationen, Tübingen 2000.

Klodt, C./Hülsbömer, A. (2002): Viele kleine Brötchen machen auch satt. 1. Finance-M&A-Kongress mit großer Resonanz, in: Finance 6/2002, S. 18-19.

Knapp, K. (1995): Interkulturelle Kommunikationsfähigkeit als Qualifikationsmerkmal für die Wirtschaft, in: Bolten, J. (Hrsg.), Cross Culture. Interkulturelles Handeln in der Wirtschaft, Ludwigsburg 1995, S. 8-23.

Koblitz, H.G. (1999): Synergieeffekte, in: Harvard Business Manager 2/1999, S. 3.

Kobi, J.-M./Wüthrich, H.A. (1986): Unternehmenskultur verstehen, erfassen, gestalten, Landsberg am Lech 1986.

Kogut, B./Singh, H. (1988): The Effect of National Culture on the Choice of Entry Mode, in: Journal of International Business Studies 19/1988, S. 411-432.

Kotler, P./Bliemel, F. (1999): Marketing-Management. Analyse, Planung, Umsetzung und Steuerung, Stuttgart 1999.

Kroeber, A.L./Kluckhohn, C. (1952): Culture, a Critical Review of Concepts and Definitions, Cambridge 1952.

Krulis-Randa, J.S. (1990): Die Unternehmenskultur. Ihre Grundlagen und ihre Bedeutung für die Führung der Unternehmung, in: Lattmann, Christian (Hrsg.), Management forum, Heidelberg 1990, S. 1-18.

Krystek, U. (1992): Unternehmungskultur und Akquisition, in: ZfB 5/1992, S. 539-565.

Küsters, E.A. (1998): Episoden des interkulturellen Managements. Grundlagen der Selbst- und Fremdorganisation, Wiesbaden 1998.

Larsson, R./Risberg, A. (1998): Cultural Awareness and National versus Corporate Barriers to Acculturation, in: Gertsen, M.C./Søderberg, A.-M./Torp, J.E. (Hg.), Cultural Dimensions of International Mergers and Acquisitions, Berlin 1998, S. 39-56.

Lattmann, C. (1990): Der Erkenntnisgehalt des Ergebnisses der Auseinandersetzungen mit der Unternehmenskultur, in: Ders. (Hrsg.), Die Unternehmenskultur. Ihre Grundlagen und ihre Bedeutung für die Führung der Unternehmung, Heidelberg 1990, S. 339-347.

Lehnus, J. (2000): Speedmanagement für Fusionen, in: Management Berater 11/2000, S. 26-30.

Levitt, T. (1983): The Globalization of Markets, in: Harvard Business Review May/June 1983, S. 92-102.

Lickert, S. (2000): Unternehmenszusammenschlüsse: Konsequenzen für das Humankapital, Bern/Stuttgart/Wien 2000.

Lysgaard, S. (1955): Adjustment in a Foreign Society, in: International Social Science Bulletin 7/1955, S. 45-51.

Maassen, O. (1999): Mitarbeiterintegration und Nachwuchsentwicklung, in: Personalwirtschaft 6/1999, S. 38-41.

Maatenar, D. (1983): Vorwelt und Organisationskultur, in: zfo 1/1983, S. 19-27.

Macharzina, K. (1995): Unternehmensführung: das internationale Managementwissen. Konzepte – Methoden – Praxis, Wiesbaden 1995.

Marks, M.L./Mirvis, P.H. (1992): Managing the Merger, London 1992.

Marks, M.L./Mirvis, P.H. (1997): Revisiting the Merger Syndrome: Crisis Management, in: Mergers & Acquisitions, July/August 1997, S. 34-40.

Meffert, H. (1986): Marketing – Grundlagen der Absatzpolitik, Wiesbaden 1986.

Meffert, H./Bolz, J. (1998): Internationales Marketing-Management, Stuttgart/ Berlin/Köln 1998.

Merkt, H. (1995): Due Diligence und Gewährleistung beim Unternehmenskauf, in: Der Betriebsberater 21/1995, S. 1041-1047.

Mintzberg, H. (1982): Organisationsstruktur: modisch oder passend?, in: Harvard Manager 11/1982, S. 7-19.

Mohr, N./Woehe, J.M. (1998): Widerstand erfolgreich managen. Professionelle Kommunikation in Veränderungsprojekten, Frankfurt a.m./New York 1998.

Möller, W.-P. (1983): Der Erfolg von Unternehmenszusammenschlüssen: eine empirische Untersuchung, München 1983.

Morosini, P./Shane, S./Singh, H. (1998): National Cultural Distance and Cross-border Acquisition Performance, in: Journal of International Business Studies 1/1998, S. 137-158.

Müller, S./Gelbrich, K. (2001): Interkulturelle Kompetenz als neuartige Anforderung an Entsandte: Status quo und Perspektiven der Forschung, in: zfbf 5/2001, S. 246-272.

Münster, T. (2000): Kleine fusionieren besser, in: Wirtschaftswoche 17/2000, S. 98-103.

Nahavandi, A./Malekzadeh, A.R. (1988): Acculturation in Mergers and Acquisitions, in: Academy of Management Review 13/1988, S. 79-90.

Nahavandi, A./Malekzadeh, A.R. (1993): Organizational Culture in the Management of Mergers, Westport 1993.

Olie, R. (1990): Culture and Integration Problems in International Mergers and Acquisitions, in: European Management Journal 2/1990, S. 206-215.

Ossadnik, W. (1995): Aufteilung von Synergieeffekten bei Verschmelzungen, in: ZfB 1/1995, S. 69-88.

Osterloh, M. (1989): Unternehmensethik und Unternehmenskultur, in: Steinmann, H./Löhr, A. (Hg.), Unternehmensethik, Stuttgart 1989, S. 143-161.

Osterloh, M./Johnson, J.B. (1978): Types of Organizational Control and their Relationship to Emotional Wellbeing, in: Administrative Science Quarterly 23/1978, S. 293-317.

Paprottka, S. (1996): Unternehmenszusammenschlüsse – Synergiepotentiale und ihre Umsetzungsmöglichkeiten, Hamburg 1996.

Parsons, A.J. (1984): The Hidden Value: Key to Successful Acquisition, in: Business Horizons March/April 1984, S. 30-37.

Pascale, R.T./Athos, A.G. (1981): The Art of Japanese Management, Harmondsworth 1981.

Paschen, M. (2002): Unternehmensleitbilder: Werten Wege weisen, in: manager-Seminare 54/2002, S. 75-83.

Peter-Schärer, M. (1994): Fusionen: Der wichtigste Faktor ist der Mensch, in: io Management Zeitschrift 7/1994, S. 79-81.

Peters, T.J./Waterman, R.H. (1982): In Search for Excellence, New York 1982.

Pfaff, D./Zweifel, P. (1998): Die Principal-Agent Theorie - Ein fruchtbarer Beitrag der Wirtschaftstheorie zur Praxis, in: WiSt 4/1998, S. 184-190.

Picot, A. (2000): Handbuch Mergers & Acquisitions. Planung, Durchführung, Organisation, Stuttgart 2000.

Picot, A. (1999): Organisation: eine ökonomische Perspektive, Stuttgart 1999.

Pless, N.M. (2000): Diversitätsmanagement – Geschäftserfolg in den USA, in: Personalwirtschaft 5/2000, S. 51-57.

Podsiadlowski, A. (1996): Interkulturelle Kompetenz, in: io Management Zeitschrift 1/1996, S. 74-77.

Pritchett, J. (1985): After the Merger: Managing the Shockwaves, Homewood 1985.

Pümpin, C. (1984): Unternehmenskultur, Unternehmensstrategie und Unternehmenserfolg, in: ATAG (Hrsg.), Die Bedeutung der Unternehmenskultur für den künftigen Erfolg ihres Unternehmens, Zürich 1984, S. 11-26.

Rieder, I. (1988): Erfolgsfaktor im Bankbetrieb, in: Schriftenreihe des Instituts für Kredit- und Versicherungswirtschaft, Band 22, Wien 1988.

Rosenstiel, L. v. (1980): Grundlagen der Organisationspsychologie. Basiswissen und Anwendungshinweise, Stuttgart 1980.

Rosenstiel, L. v. (1993): Unternehmenskultur – Einige einführende Anmerkungen, in: Dierkes, M./Rosenstiel, L. v./Steger, U. (Hg.), Unternehmenskultur in Theorie und Praxis. Konzepte aus Ökonomie, Psychologie und Ethnologie, Frankfurt a.M./New York 1993, S. 8-22.

Rühli, E. (1990): Ein methodischer Ansatz zur Erfassung und Gestaltung von Unternehmungskulturen, in: Lattmann, C. (Hrsg.), Die Unternehmenskultur. Ihre Grundlagen und ihre Bedeutung für die Führung der Unternehmung, Heidelberg 1990, S. 189-206.

Sackmann, S.A. (1990): Möglichkeiten der Gestaltung von Unternehmenskultur, in: Lattmann, C. (Hrsg.), Die Unternehmenskultur. Ihre Grundlagen und ihre Bedeutung für die Führung der Unternehmung, Heidelberg 1990, S. 153-188.

Sales, A.L./Mirvis, P.H. (1984): When Cultures Collide: Issues of Acquisition, in: Kimberly, J.R./Quinn, R.E. (Hg.), Managing Organizational Transitions, Homewood 1984, S. 107-133.

Samuelson, P.A./Nordhaus, W.D. (1998): Volkswirtschaftslehre, Wien 1998.

Sandler, G. (1988): Corporate Identity in der Partnerschaftsbeziehung zu den Absatzmittlern, in: Birkigt, K./Stadler, M.M./Funck, H.J. (Hg.), Corporate Identity. Grundlagen – Funktionen – Fallbeispiele, Augsburg 1988, S. 155-168.

Sautter, M.T. (1988): Strategische Analyse von Unternehmensakquisitionen, Frankfurt a.M. 1988.

Schäfers, B. (1998): Die soziale Gruppe, in: Korte, H./Schäfers, B. (Hg.), Einführung in Hauptbegriffe der Soziologie, Opladen 1998.

Schein, E.H. (1984): Coming to a New Awareness of Organizational Culture, in: Sloan Management Review 25/1984, S. 3-16.

Schein, E.H. (1985): Organizational Culture and Leadership, San Francisco/ Washington/ London 1985.

Schein, E.H. (1986): Wie Führungskräfte Kultur prägen und vermitteln, in: GDI-Impuls 2/1986, S. 23-36.

Schmeisser, W./Clermont, A. (1999): Due Diligence-Prüfung im Personalcontrolling, in: Personalwirtschaft 6/1999, S. 50-55.

Schmid, S. (1996): Multikulturalität in der internationalen Unternehmung. Konzepte – Reflexionen – Implikationen, Wiesbaden 1996.

Schmidt, H. (1999): Merger kosten Arbeitsplätze, in: Personalwirtschaft 6/1999, S. 56-57.

Schmidt, T. (1996): Fusionen. Arbeitsheft unter Berücksichtigung des neuen Umwandlungsrecht, Düsseldorf 1996.

Scholz, C./Hofbauer, W. (1990): Organisationskultur: die vier Erfolgsprinzipien, Wiesbaden 1990.

Schrage, K. (2002): ATTAC bleibt eine soziale Basisbewegung. Netzwerk der Globalisierungskritiker vor dem G8-Gipfel in Kanada und dem EU-Gipfel in Sevilla, in: Unicum 6/2002, S. 11-12.

Schreyögg, G. (1988): Kann und darf man Unternehmenskulturen ändern?, in: Dülfer, E. (Hrsg.), Organisationskultur, Phänomen – Philosophie - Technologie, Stuttgart 1988, S. 155-168.

Schreyögg, G. (1989): Zu den problematischen Konsequenzen starker Unternehmungskulturen, in: Zfbf 2/1989, S. 94-113.

Schreyögg, G. (1993): Organisationskultur, in: WiSt 4/1993, S. 313-322.

Schroll-Machl, S. (2001): Aspekte amerikanischer und deutscher Unternehmenskulturen im Vergleich, in: Wirtschaftspsychologie 3/2001, S. 136-143.

Schubbe, M.O. (1999): Der Einfluss von Unternehmenskulturen auf den Integrationsprozess bei Unternehmenszusammenschlüssen, Düsseldorf 1999.

Schubert, W./Küting, K. (1981): Unternehmenszusammenschlüsse, München 1981.

Schwalbach, J. (1986): Markteintrittsverhalten industrieller Unternehmen, in: ZfB 7/1986, S. 713-727.

Schwartz, H./Davis, S.M. (1981): Matching Corporate Culture and Business Strategy, in: Organizational Dynamics 10/1981, S. 30-48.

Seed, A. (1974): Why Corporate Marriages Fail, in: Financial Executive 12/1974, S. 56-62.

Shrivastava, P. (1986): Postmerger Integration, in: Journal of Business Strategy 1/1986, S. 65-76.

Smith, P.B./Noakes, J. (1996): Cultural Differences in Group Processes, in: West, A.(Hrsg.), Handbook of Work Group Psychology, Chichester 1996, S. 479-501.

Smircich, L. (1983): Concepts of Culture and Organizational Analysis, in: Administrative Science Quarterly 28/1983, S. 339-358.

Spitzberg, B.H. (1989): Issues in the Development of a Theory of Interpersonal Competence in the Intercultural Context, in: International Journal of Intercultural Relations 13/1989, S. 241-268.

Stahl, G.K. (2001): Management der sozio-kulturellen Integration bei Unternehmenszusammenschlüssen und –übernahmen, in: DBW 1/2001, S. 61-80.

Struß von Poellnitz, A. (2002): Was Wirtschaft mit dem Leben zu tun hat, in: Weserkurier 203/31.08.2002, S. 26.

Tafertshofer, A. (1982): Corporate Identity – Magische Formel als Unternehmensideologie, in: Die Unternehmung, 1/1982, S. 16-28.

Tonscheidt-Gösstl, D./Stolzenburg, J.H. (1998): Fusions-Fallen, in: Personalwirtschaft 11/1998, S. 36-43.

Töpfer, A. (2000): Mergers & Acquisitions: Anforderungen und Stolpersteine, in: zfo 1/2000, S. 10-17.

Trauth, F. (2000): Nach der Fusion: Die Toppositionen richtig besetzen, in: Harvard Business Manager 4/2000, S. 77-88.

Triandis, H. (1972): The Analysis of Subjective Culture, Boston 1972.

Trompenaars, F. (1993): Riding the Waves of Culture. Understanding Cultural Diversity in Business, London 1993.

Trzicky, N. (1999): Stakeholder einer Fusion und deren Feindbilder, in: Henckel von Donnersmarck, Marie/Schatz, Roland (Hg.): Fusionen gestalten und kommunizieren, Bonn/Dover/Fribourg/Leipzig/ Ostrava 1999, S. 39-57.

Voigt, K.-I. (1996): Unternehmenskultur und Strategie. Grundlagen des kulturbewußten Managements, Wiesbaden 1996.

Vorauer, K. (1997): Europäische Regionalpolitik – Regionale Disparitäten. Theoretische Fundierung empirischer Befunde und politische Entwürfe, Passau 1997.

Waldecker, P. (1995): Strategische Alternativen in der Unternehmensentwicklung: interne Entwicklung und Unternehmensakquisition, Wiesbaden 1995.

Waschkuhn, W.R.G. (2000): Die kritischen Erfolgsfaktoren, in: management Berater 11/2000, S. 20-24.

Weber, E. (1991): Berücksichtigung von Synergieeffekten bei der Unternehmensbewertung, in: Baetge, J. (Hrsg.), Theorie und Praxis der Wirtschaftsprüfung, Berlin 1991, S. 72-95.

Weber, J. (1985): Unternehmensidentität und unternehmenspolitische Rahmenplanung, München 1985.

Weidermann, P. (1984): Das Management des Organizational Slacks, Wiesbaden 1984.

Weiss, J.W. (1988): Regional Cultures, Managerial Behaviour and Entrepreneurship -An International Perspective, Westport 1988.

Welp, C. (2000): Folgen einer Ehe, in: Wirtschaftswoche 43/2000, S. 236-240.

Wickel-Kirsch, S./Kaiser, A. (1999): Personalplanung als Erfolgsfaktor von Fusionen, in: Personal 1/1999, S. 9-13.

Wilsing, H.-U. (2002): Das WpÜG auf einen Blick. Übernahmegesetz bringt rechtsverbindlichen Rahmen für Übernahmeangebote, in: Finance 1/2002, S. 18-19.

Wirtgen, J. (1999): Human Ressource Management bei Unternehmenszusammenschlüssen, in: Personal 1/1999, S. 6-8.

Wöhe, Günter (2000): Einführung in die allgemeine Betriebswirtschaftslehre, München 2000.

Wolf, J. (1994): Internationales Personalmanagement. Kontext - Koordination – Erfolg, Wiesbaden 1994.

Zander, I. (2000): Die entscheidende Härte der weichen Faktoren, in: Mitbestimmung 11/2000, S. 42-44.

Internetadressen (Stand: 18.10.2002, ohne Seitenangaben)

Achleitner, A.-K. (2002): Mergers & Acquisitions, URL: http://www.gabler.de/ wirtschaftslexikon/leseprobe/324.htm

Bundeskartellamt (2002): URL: www.bundeskartellamt.de

Ohne Verfasser (2002): URL: http://www.pmi-post-merger-integration.de/ fusionsstrategie.html

Internationale Megafusionen
Kulturelle Integration als Erfolgsfaktor

ISBN-Nr. 3-8324-7814-0

Diese und weitere Studien aus dem Bereich des Electronic Business finden Sie im Online-Katalog unter www.diplom.de :

Internationales Markenmanagement nach Unternehmenszusammenschlüssen
Besonderheiten und Herausforderungen
C. Denzel / Mannheim / 2003 / 98 Seiten / 198,00 EUR / Best.-Nr. 7692

Wer gewinnt bei Unternehmensfusionen?
Börseneffekte von Unternehmenskäufen
W. Walther / Karlsruhe / 2003 / 129 Seiten / 198,00 EUR / Best.-Nr. 7167

Die Unterrichtungspflicht und das Widerspruchsrecht bei Betriebsübergang nach der Neuregelung des § 613a BGB
S. Schwab / Mainz / 2003 / 66 Seiten / 148,00 EUR / Best.-Nr. 7127

Horizontale Unternehmenszusammenschlüsse
Beweggründe und Risiken der Fusion zwischen Hewlett Packard & Compaq
B. Westerwelle / Berlin / 2003 / 118 Seiten / 148,00 EUR / Best.-Nr. 7122

Übernahmeangebote
Darstellung und ökonomische Analyse ausgewählter Gestaltungsformen aus Sicht des Bieters
K. Dohrmann / Hagen / 2003 / 64 Seiten / 198,-- EUR / Best.-Nr. 6705

Post-Merger Integration
Am Beispiel der VSB in der Tschechischen Republik
A. Palmer / Furtwangen / 2002 / 94 Seiten / 198,00 EUR / Best.-Nr. 5769

Die Europäische Fusionskontrolle unter besonderer Berücksichtigung ihrer Anwendungspraxis
L. Weber / Bamberg / 2001 / 93 Seiten / 148,00 EUR / Best.-Nr. 4863

Due Diligence als zentraler Erfolgsfaktor bei M&A-Vorhaben
H. Teucher / Hannover / 2001 / 189 Seiten / 148,00 EUR / Best.-Nr. 4593

Aussagekräftige Inhaltsangaben und Inhaltsverzeichnisse zu den Studien können kostenlos und unverbindlich unter www.diplom.de eingesehen werden. Zu den oben genannten Preisen stehen die Studien direkt unter www.diplom.de als Download zur Verfügung.

Die Studien können auch gegen 5,00 EUR Aufschlag als Printausgabe oder auf CD-ROM online unter www.diplom.de oder per Fax unter 040 / 6 55 99 222 bestellt werden. Die Versandkosten werden mit 5,00 EUR in Rechnung gestellt.

Studierende erhalten auf den Preis vieler Studien eine Ermäßigung von 50 %.